Ouv
d'Anne-Mari

MW01679007

Introduction à la poésie moderne et contemporaine

Lionel Verdier

HACHETTE

Dans la même collection

- Sylvie Bazin-Tacchella, *Initiation à l'ancien français*
- Thomas Clerc, *Les Écrits personnels*
- Mireille Duponthieux, *La Représentation*
- Marie-Annick Gervais-Zaninger, *La Description*
- Nicolas Laurent, *Initiation à la stylistique*
- Christelle Reggiani, *Initiation à la rhétorique*
- Françoise Rullier-Theuret, *Le Dialogue dans le roman*
- Françoise Rullier-Theuret, *Approche du roman*
- Daniel Saadoun, Denis Trarieux, *L'Amitié*

ISBN 2-01-145444-1

www.hachette-education.com
Maquette/composition/mise en page : Le Saule, Paris.

Sommaire

Introduction

Comment parler, dans le temps même où elle s'écrit, de la poésie moderne et contemporaine ? Comment cerner les contours de la modernité poétique ? L'interrogation sur le genre poétique est celle d'une époque, qui est elle-même toujours moderne lorsqu'elle considère les œuvres qui l'ont précédée. Ainsi notre époque souffre-t-elle peut-être d'une exigence absolue de modernité qui conduit le lecteur à établir des lignes de partage improbables mais rassurantes. Dans *L'Entretien infini* (Paris, Gallimard, 1969, p. 584), Maurice Blanchot s'interroge sur ce concept fondateur de la poésie moderne et contemporaine : « "Il faut être absolument moderne". Cet appel de Rimbaud et de Baudelaire qui a inauguré un nouvel âge ou a correspondu à une mutation des arts en les mettant en rapport avec l'essence secrète de quelque chose qui serait le "moderne", a certainement eu un grand sens, mais même si le nouveau garde son prestige, même si la recherche provocante de ce qui est en avant peut encore jouer un rôle critique, elle ne représente rien qui nous lie. Être moderne, cette pensée nous paraît presque aussi étrangère que l'idée de devenir classique ou de prendre rang dans une solide tradition. Pourquoi ? Il faudrait le chercher, si cela en valait la peine. »

Tenter d'approcher ce qui fonde aujourd'hui la modernité poétique semble une entreprise d'autant plus hasardeuse que la définition du poétique*[1] déplace indéfiniment son sens et ses interrogations.

La poésie de l'évocation

Où donc situer l'origine de notre modernité ? On s'entend le plus généralement à la faire débuter au rêve de Baudelaire d'une « sorcellerie évocatoire ». Pour la première fois apparaît sans doute le désir d'une rupture définitive avec l'exigence d'atteindre la beauté par un récit, une description, un chant qui seraient d'abord imitation du réel. Avec Baudelaire, la poésie est « moderne » en ce qu'elle cherche moins à « représenter » qu'à présenter, par cette « sorcellerie évocatoire », un sens aléatoire dans son surgissement. Le poème désormais tente d'évoquer les régions les plus obscures de ce qui peut être dit.

La poésie de la brisure

Dans *Le Peintre de la vie moderne*, Baudelaire donne également une autre définition de la modernité : « La modernité, c'est le transitoire, le fugitif,

1. Les termes suivis d'un astérisque renvoient au glossaire p. 121.

le contingent, la moitié de l'art, dont l'autre moitié est l'éternel et l'immuable. » La modernité poétique est aussi dans ce passage, dans ce *transitoire*. Elle est une partie de ce que les Grecs appelaient symbole, un tesson brisé dont les parties réunies seraient le signe d'une même appartenance, d'une amitié reconnue, d'une « commune présence ». La modernité dont parle Baudelaire est ce qui, demeurant fugitif et transitoire, est la part manquante, le signe d'une brisure que rien, désormais, ne viendra combler.

La poésie du refus

Faut-il donc s'étonner que la poésie contemporaine ne semble plus se définir que par la négative, par la mise en question, par une incertitude profonde ? Ne pouvant se justifier d'exprimer les affres d'une subjectivité, de chanter l'espoir d'une transcendance désormais perdue, il ne lui resterait qu'à s'affirmer dans le refus de ce qu'elle ne peut ou ne veut plus être. Le poème est aujourd'hui le lieu d'un examen critique, d'une interrogation sur la source du chant, du langage, du rapport au monde. La modernité poétique semble ainsi à la fois opérer un rétrécissement du poétique* (ce qui permettait de définir autrefois le genre) et contester les anciennes marques qui en délimitaient le champ. Ce rétrécissement, cette altération profonde, réduisant insensiblement la poésie au poétique ou à la poétique, sont la conséquence d'une interrogation toujours reconduite de la poésie sur sa légitimité de dire encore « je ». Ce qui définit peut-être la poésie contemporaine, c'est cette quête inaboutie de ce qu'elle est, de sa propre identité.

L'objectif de ce livre est d'aider à lire la poésie moderne et contemporaine, de permettre d'en déchiffrer les territoires, de tracer des itinéraires. Aussi, les pages qui suivent ne proposent-elles pas une histoire improbable de cette modernité poétique dans ses courants, ses vicissitudes, ses hésitations, mais plutôt des orientations pour aborder une poésie parfois déroutante, pistes qui sont celles de la stylistique et des théories modernes de l'énonciation. La lecture et l'interprétation des rythmes, des figures, est première et se situe avant tout désir de théoriser ou de présenter une description exhaustive des différentes formes de la poésie moderne et contemporaine. Le choix des poèmes est donc subjectif et relève de l'arbitraire d'un plaisir de lecteur, condition nécessaire au plaisir de l'étude. C'est d'ailleurs cette expérience première du texte poétique, l'analyse d'un poème de Philippe Jaccottet, qui ouvre sur les problématiques majeures du texte poétique contemporain : la crise du sujet et l'interrogation sur le genre, la crise du langage, et la crise de la représentation. Une série d'études de style éclaire les réponses que les œuvres contemporaines tentent d'apporter à cette inquiétude sur laquelle se fonde la modernité poétique.

Sans doute en effet faut-il parler aujourd'hui non pas de la modernité mais des modernités qui sont, dans la richesse d'itinéraires individuels, autant de réponses à l'impossibilité de définir, plus encore au XXIe siècle, ce qu'est la poésie. Ouverture à un quotidien dont les repères sont fuyants, ouverture vers l'imaginaire et vers l'inconscient, retour à la chair des mots et à la matérialité du langage, autant de voies créées par la poésie moderne et contemporaine pour établir un juste rapport au monde, éprouvé par la rupture ou par la recherche malgré tout d'une présence. Au-delà des courants, des choix esthétiques, la modernité poétique ne cesse de scruter cette « sorcellerie évocatoire » du poème, ce rapport désormais problématique entre le sujet, le réel, et les pouvoirs du langage.

I
La crise du sujet et l'interrogation sur le genre

1. La poésie en quête d'identité

A. *Un sujet problématique : la voix de Philippe Jaccottet dans* L'Ignorant

Les poétiques modernes et contemporaines sont traversées, au-delà de leurs différences, par une même inquiétude sur l'origine et la permanence d'un chant habité par le silence.

Dans un poème qui a pour titre « La Voix », Philippe Jaccottet évoque un lieu intime et familier, « un jardin couvert de neige », « hors de la ville, à Robinson ». Mais « La Voix » s'ouvre aussi sur un paradoxe inquiétant. Comme le suggère le titre, la voix n'est plus la source évidente du chant, mais le sujet même du poème, le lieu d'une inquiétude et d'une interrogation. La voix du poème est dans ce paradoxe : se taire, se livrer au silence, renoncer à nommer, renoncer à « la possession » et à la « victoire », renoncer à la nomination et au pouvoir de nommer, pour que résonne « un si beau chant », un chant autre, une « voix sourde et pure ». Le chant naît quand « toute voix se tait », quand le silence est entré dans la voix du poème.

C'est ce défaut même du langage et du monde qui, pour la poésie contemporaine, est à l'origine du poème.

Exemple

Qui chante là quand toute voix se tait ? Qui chante
avec cette voix sourde et pure un si beau chant ?
Serait-ce hors de la ville, à Robinson, dans un
jardin couvert de neige ? Ou est-ce là tout près,
quelqu'un qui ne doutait pas qu'on l'écoutât ?
Ne soyons pas impatients de le savoir
puisque le jour n'est pas autrement précédé
par l'invisible oiseau. Mais faisons seulement
silence. Une voix monte, et comme un vent de mars
aux bois vieillis porte leur force, elle nous vient
sans larmes, souriant plutôt devant la mort.
Qui chantait là quand notre lampe s'est éteinte ?
Nul ne le sait. Mais seul peut entendre le cœur
qui ne cherche la possession ni la victoire.

Philippe Jaccottet, *L'Ignorant*, « La Voix », Paris, Gallimard, 1958.

La voix du poème semble d'abord coïncider avec l'énonciation*. Les marques déictiques* sont en effet nombreuses : déterminant démonstratif : « cette voix », présent d'énonciation. Les lieux sont familiers, évoqués dans une proximité avec le locuteur (« Qui chante là... », « Ou est-ce là tout près... »), ou bien nommés (« à Robinson »). Mais le « je » reste absent, la voix comme effacée dans son propre chant, dont on perçoit l'écho affaibli dans le pronom personnel à sémantisme indéfini (« quelqu'un qui ne se doutait pas qu'on l'écoutât »), dans la modalité injonctive (« Ne soyons pas impatients »), ou dans le pronom et le déterminant de rang 4 (« (...) elle *nous* vient/(...) quand *notre* lampe s'est éteinte ? »). Philippe Jaccottet évoque, dans *La Promenade sous les arbres* (Paris, La Bibliothèque des Arts, 1988, p. 148), ce chant moderne et désormais paradoxal : « La poésie est donc ce chant que l'on ne saisit pas, cet espace où l'on ne peut demeurer, cette clef qu'il faut toujours perdre. » Dès lors, « cette voix sourde et pure » repose sur des signes qui révèlent sa fragilité. Le poème semble éclairer les sens possibles du titre du recueil : *L'Ignorant* est celui qui révèle, à la source du chant, la permanence d'une interrogation, d'une négativité et d'une incertitude.

Le poème prolonge cette inquiétude par une série d'interrogations; la modalité* interrogative est en effet dominante : « Qui chante là quand toute voix se tait? », « Qui chante/avec cette voix sourde et pure un si beau chant? », « Serait-ce hors de la ville (...) ? », « Ou est-ce là tout près,/ quelqu'un qui ne se doutait pas qu'on l'écoutât? », « Qui chantait là quand notre lampe s'est éteinte? ». Six vers, sur les quatorze que contient le poème, insistent sur cette interrogation sur l'origine du chant. Au-delà, le poème multiplie les obstacles à l'énonciation, atténuant sans repos les certitudes. La cohérence du sujet est en question. La voix oscille entre le réel et la source inconnue du chant.

Le poème est également marqué par une négativité obsédante, déclinée dans les choix syntaxiques, morphologiques, sémantiques :

– structures à valeur négative : « quelqu'un qui ne se doutait pas qu'on l'écoutât », parfois redoublées : « Ne soyons pas impatients de le savoir/puisque le jour n'est pas autrement précédé/par l'invisible oiseau », parfois coordonnées : « Nul ne le sait. Mais seul peut entendre le cœur/qui ne cherche la possession ni la victoire. »

– préfixes négatifs : « impatients », « l'invisible oiseau »

– complément circonstanciel introduit par une préposition négative : « *sans* larmes »

– choix lexicaux suggérant une absence : « toute voix se tait », « cette voix sourde », « faisons seulement silence », « bois vieillis », « la mort », « notre lampe s'est éteinte ».

Inquiétude, négation, telles sont les marques de la voix poétique, dans laquelle se dit l'expression d'une essentielle incertitude : syntaxe suggérant une alternative ou une hésitation : (« Ou est-ce là tout près »), négations associées au verbe « savoir » (« Ne soyons pas impatients de le savoir », « Nul ne le sait »), déterminants et pronoms indéfinis (« un si beau chant », « un jardin couvert de neige », « quelqu'un qui ne se doutait pas qu'on l'écoutât », « une voix »).

B. L'essoufflement du chant

La poétique de l'incertitude qui est celle de « La Voix » s'inscrit également dans un essoufflement du chant. Les marques de ce chant « précaire » sont multiples, mais toutes suggèrent la nostalgie d'une harmonie formelle et la tentation de la prose.

La forme du poème ne semble pas d'abord traduire cette inquiétude profonde d'une « voix sourde et pure ». Les quatorze vers ont en effet douze syllabes et la forme du poème rappelle celle du sonnet. Mais si la nostalgie d'une harmonie formelle hante le poème, celle-ci n'est pourtant pas pleinement accomplie. On relève en effet des signes inquiétants, comme cet essoufflement du vers qui le rapproche insensiblement d'un chant dont le rythme est proche de celui de la prose. Les rimes ont disparu ou ne demeurent que sous la forme d'échos sonores (« chante/chant », « tout près/précédé », « savoir/victoire », « mars/mort », « vient/éteint »). L'affaiblissement ou l'effacement de la césure interne (vers 1, 5, 6, 10, 12, 14), l'altération de la césure de fin de vers (vers 1, 3, 7, 8, 9, 10, 13) ne permettent plus de lire ces vers de douze syllabes comme une suite métrique d'alexandrins. La succession des enjambements (vers 1, 4, 9, 13) estompe la mesure du mètre par rapport à la syntaxe, révèle un souci d'ouvrir le poème à la dépossession du sens. Le poème est proche désormais d'une parole sourde, humble, mais peut-être aussi plus pure.

C. Une poésie précaire

La précarité du chant est la figuration d'un rapport du poète au monde. Les motifs d'une sorte d'intermittence, la simplicité des images sont les signes de cette quête.

Aussi le poème évoque-t-il des figures incertaines, entre présence et absence : « voix sourde et pure », « jardin couvert de neige », « invisible oiseau », « bois vieillis », lampe qui s'éteint, comme si ces motifs éclairaient le sujet et la source obscure du chant : « Je suis comme épars, écrit Philippe Jaccottet dans *Autres journées,* démantelé ; les images dont je me saisis parfois le sont aussi. » Nulle image sinon cette comparaison entre la montée, la venue de la voix et ce « vent de mars [qui] aux bois vieillis porte leur force », comme si le poème recherchait, dans sa fragilité même, une justesse, un rapport éthique au langage et au monde :

> Paroles, à peine paroles
> (murmurées par la nuit)
> non pas gravées dans de la pierre
> mais tracées sur des stèles d'air
> comme par d'invisibles oiseaux,
>
> paroles non pas pour les morts
> (qui l'oserait encore désormais ?)
> mais pour le monde et ce monde.

Philippe Jaccottet, *Notes du ravin*, Fata Morgana, 2001.

2. La crise du sujet

La poésie moderne remet profondément en question la possibilité sinon de dire « je », du moins d'exprimer une intériorité dans un rapport de transparence au langage et au monde. Le sujet est désormais problématique, ouvert à l'altérité et à l'interrogation. Les disciplines nouvelles du champ des sciences humaines font d'ailleurs le constat d'une certaine opacité du sujet. La psychanalyse révèle la part d'inconscient qui fait aussi son mystère. La linguistique montre qu'il n'est plus le garant souverain de sa parole, mais qu'il est aussi déterminé par elle. La phénoménologie enfin souligne son existence dans une relation complexe avec le monde et avec les autres. Le sujet, comme le rappelle Michel Collot dans *La Matière-émotion* (Paris, PUF, 1997, p. 33), « n'est plus envisagé en termes de substance, d'intériorité et d'identité mais dans sa relation constitutive à un dehors qui l'altère ». Cette réflexion moderne sur le sujet a des conséquences importantes sur la définition du genre poétique et sur le rapport qui s'établit entre le poème et son lecteur.

A. La fiction lyrique

La poésie contemporaine joue avec les codes d'une « illusion référentielle » que pourtant elle refuse. Il est donc essentiel de considérer une situation de communication propre au texte poétique. Comme le montre

Philippe Hamon, il faut analyser le poème lyrique comme un « texte à effet de sujet », ce qui impose de « ne pas confondre, dans l'étude de ce « texte à effet de sujet », pronom sujet, sujet grammatical, et actant sujet, sujet de l'énoncé et sujet de l'énonciation » (« Sujet lyrique et ironie », *Le Sujet lyrique en question, Modernités 8*, Bordeaux, Presses universitaires de Bordeaux, 1996, p. 19).

a. Un « texte à effet de sujet »

Il semble naturel au lecteur de substituer au « je » du poème le « je » autobiographique. Cette tentation tient au fait que la première personne est souvent dominante dans le poème, que s'y expriment des sentiments que l'on veut personnels, ou que l'on cherche, pour construire un sens, des marques de subjectivité qui semblent constituer autant d'indices de la présence de l'auteur. Pour le lecteur, le poème renvoie à une expérience subjective. Même si la poésie ne se réduit pas à la seule poésie lyrique et à l'expression de sentiments personnels, la lecture du poème repose souvent sur le postulat d'une équivalence entre le sujet de l'énonciation et la personne physique de l'auteur. Cette équivalence, contre laquelle se définit précisément la modernité poétique, tient au statut énonciatif propre au genre poétique. La poésie semble en effet échapper à cette multiplication des sources énonciatives qui définit les genres de fictions étudiée notamment par Mikhaïl Bakhtine dans *Esthétique et Théorie du roman* (Paris, Gallimard, 1987). Le genre poétique est d'abord un genre monologique*.

Mais le statut de l'énonciation poétique reste problématique. Car le « je » qui est à la source du poème n'est ni un personnage de fiction, comme peuvent l'être un narrateur ou un personnage dans un roman, ni même le « je » du poète. Kate Hamburger, dans *Logique des genres littéraires*, définit la poésie lyrique en l'associant à un « Je-Origine réel », déplaçant la réflexion du côté des théories de l'énonciation : « (...) le langage créatif qui produit le poème lyrique appartient au système énonciatif de la langue ; c'est la raison pour laquelle nous recevons un poème, en tant que texte littéraire, tout autrement qu'un texte fictionnel ou narratif ou dramatique. Nous le recevons comme l'énoncé d'un sujet d'énonciation. Le JE lyrique, si controversé, est un sujet d'énonciation. » (p. 208)

L'énonciation lyrique, dans la mesure où elle se rattache à un « Je-Origine-réel », ne relève pas d'un mode d'énonciation fictive, mais d'un mode d'énonciation référentielle. À la différence du genre fictif, le lecteur perçoit donc l'énoncé lyrique comme « un énoncé de réalité » (p. 240) sans qu'on puisse cependant conclure qu'il exprime l'expérience réelle d'un locuteur ni même celle du sujet biographique. Même si, comme le souligne Kate Hamburger, aucun critère ne permet d'identifier le sujet de l'énonciation avec le sujet biographique, le lecteur éprouve l'énoncé, non par la médiation d'une distance fictionnelle, mais par une identification, qui est une « ré-expérience ».

Exemple

Dans *Une fin d'après-midi à Marrakech*, James Sacré évoque, en différents lieux (la Vendée natale, Paris, Venise, Northampton en Amérique du Nord), le souvenir d'une rencontre amoureuse. La séparation, la distance, l'errance semblent permettre – comme dans ce poème où l'auteur se remémore une visite dans le petit village marocain de Sidi Slimane – l'introspection et l'analyse des variations du sentiment amoureux.

> Tu ne disais rien. Je t'accueillais dans mon cœur à Sidi
> Slimane, dans le tien.
> J'avais l'impression d'un endroit mal cousu à sa campagne,
> Le pas court et continuel des mules se mêle
> À d'encombrants bruits de camions.
> Le temps passe en mobylette. On reste à regarder
> Les cadres d'entrée mal peints des magasins, l'hôtel Splendide
> Se défait lentement d'un luxe ancien.
> Les gens sont riches et les gens sont pauvres à Sidi Slimane,
> le soir
> Les camions ramènent ceux qui sont allés travailler dans
> les champs ;
> Tu m'avais raconté ton enfance, des jardins : les oranges
> silencieuses.
> Je cherche des mots pour comprendre, sans m'attendrir trop,
> Comment se mêle du sourire en la banalité d'aller vers la mort
> À Sidi Slimane comme ailleurs, en mon poème, en ton
> visage intense et fragile.

James Sacré, *Une fin d'après-midi à Marrakech*, Paris, Éditions Ryôan-Ji, 1988.

La simplicité du style, la souplesse du vers libre, le ton de la confidence sont autant de marques immédiatement sensibles qui invitent le lecteur à substituer au « je » du poème le « je » autobiographique.

On trouve en effet peu de figures, à l'exception peut-être de la métaphore « Le temps passe en mobylette » qui n'ouvre pas cependant l'espace du poème à un monde étrange ou surprenant. Seuls les enjambements

(« On reste à regarder/Les cadres d'entrée mal peints des magasins », « Tu m'avais raconté ton enfance, des jardins : les oranges/silencieuses. ») suspendent le sens et soulignent une syntaxe plus complexe au-delà de l'ouverture du poème. Le vers libre tend à épouser le rythme de la prose tout en figurant, de manière fragmentaire, les ruptures du souvenir, une vision fugitive de Sidi Slimane.

Des marques conduisent à interpréter le poème comme une série d'énoncés de réalité, sans que pourtant l'on puisse établir de distance, par la médiation d'une fiction qui serait celle du roman, entre ce qui appartient à l'évocation poétique et ce qui appartient à une expérience personnelle qui serait celle du poète. Les noms de lieux (« Sidi Slimane », « l'hôtel Splendide »), certains choix lexicaux (« le pas court et continuel des mules », « d'encombrants bruits de camions », « les cadres d'entrée mal peints des magasins ») sont autant d'effets de réel qui fondent un souvenir où domine l'affectivité (« Je t'accueillais dans mon cœur »).

Les marques de personne suggèrent une conversation intime entre un « je » et un « tu » interrompue par l'évocation de Sidi Slimane où se perdent, indistincts, silencieux, les regards (« On reste à regarder/Les cadres d'entrée mal peints des magasins »). Cette impression est encore renforcée par le sémantisme des verbes (« Tu ne disais rien. Je t'accueillais dans mon cœur à Sidi/Slimane, dans le tien. », « Tu m'avais raconté ton enfance, des jardins : les oranges silencieuses. »). L'écriture du poème semble alors comme une réponse au silence inquiétant de l'être aimé (« Je cherche des mots pour comprendre, sans m'attendrir trop »), à l'imperfection (« un endroit mal cousu à sa campagne »), à la dégradation des êtres et des choses (« l'hôtel Splendide/Se défait lentement ») sous l'effet du temps passant « en mobylette ». Le présent de l'indicatif entretient une ambiguïté que ne lèvera pas le poème : le « je » renvoie-t-il au « je » de l'énoncé (au poète à Sidi Slimane) ou au « je » de l'énonciation* (au moment de l'écriture) ? Le destinataire* n'est pas caractérisé et apparaît dans le poème comme une instance vide et une présence pourtant nécessaire, convoquée par l'énonciation : le « tu », identifié par le lecteur comme la présence dans le souvenir de l'être aimé, existe seulement par son silence et par le regard fugitif du « je » ne préservant finalement que son « visage intense et fragile ».

L'hésitation est donc maintenue entre le sujet de l'énonciation et le sujet autobiographique. Le poème invite à une identification : la lecture ne se construit pas dans une distance fictionnelle mais à partir d'une « ré-expérience ».

Au-delà de l'expérience subjective, le poème figure l'impossible retour vers un dialogue amoureux désormais perdu. L'évocation de Sidi Slimane n'est en rien gratuite : le petit village marocain est l'image de la dégradation inévitable des êtres et des choses sous l'effet du temps, l'expérience commune au poète comme au lecteur « d'aller vers la mort/À Sidi Slimane comme ailleurs ».

b. Les modes de la « dépersonnalisation » de la voix

Comme Philippe Jaccottet dans le poème de *L'Ignorant*, la poésie contemporaine ne cesse de s'interroger sur cette ambiguïté de l'énonciation propre au genre poétique, « cette voix sourde et pure » qui chante « quand toute voix se tait ». La présence du « je », d'une expérience subjective dans le poème, d'une relation lyrique aux êtres et aux choses n'est désormais possible qu'au prix d'une « dépersonnalisation » paradoxale de la voix qui apparaît dans le mouvement même qui l'efface. Ainsi, les expressions déictiques* suggérant l'expérience sensible d'un sujet, le poème inscrit une présence dans une voix précaire et anonyme.

Exemple

Dans *L'Entretien des Muses*, Philippe Jaccottet célèbre celle qu'il appelle « l'écouteuse à l'écart », reconnaissant dans la poésie d'Anne Perrier une voix où la fragilité permet d'atteindre, dans son effacement même, une présence éphémère.

> Lorsque la mort viendra
> Je voudrais que ce soit comme aujourd'hui
> Un grand soir droit laiteux et immobile
> Et surtout je voudrais
> Que tout se tienne bien tranquille
> Pour que j'entende
> Une dernière fois respirer cette terre
> Pendant que doucement s'écarteront de moi
> Les mains aimées
> Qui m'attachent au monde

Anne Perrier, *Pour un vitrail*, 1955.

De nombreuses expressions déictiques suggèrent la présence d'une voix, d'un regard sur le monde. Le pronom personnel de rang 1, en position de sujet (« je voudrais », « pour que j'entende ») ou de complément (« Pendant que doucement s'écarteront de moi/Les mains aimées/Qui m'attachent au monde ») est à la source du chant. Le temps s'ordonne à partir du « je » : le déictique temporel (« aujourd'hui ») inscrit la voix dans le présent de l'énonciation (« Les mains aimées/Qui m'attachent au monde ») ; les temps sont ceux du discours, évoquant avec le futur la certitude de la mort (« la mort viendra ») tandis que la forme simple du conditionnel traduit un désir qui donne au poème l'humilité de la prière (« je voudrais que ce soit comme aujourd'hui »). L'espace est construit par le regard du « je », comme en témoigne par exemple le déterminant démonstratif à valeur d'ostension (« cette terre »). La construction de la référence* suggère un lieu familier du poète : l'article indéfini (« Un grand soir droit laiteux et immobile ») et l'article défini (« Les mains aimées ») sont déterminés par la situation d'énonciation et prennent une valeur de notoriété. Le rythme d'un vers irrégulier, épousant le rythme de la prose, révèle encore cette précarité du chant, cet effacement de la voix.

La « dépersonnalisation de la voix » permet alors, au-delà de l'expérience subjective, une communion avec le lecteur. Le « je » n'est pas caractérisé ; la « terre » donne une certaine universalité à ce combat et à cette faiblesse de l'attente devant la mort.

La « dépersonnalisation » de la voix est indissociable d'une abstraction du cadre spatial et temporel du poème. Dans la poésie contemporaine, les éléments qui pourraient renvoyer à un contexte personnel font très souvent l'objet de ce travail d'abstraction, qui situe paradoxalement le poème « à rebours » de l'autobiographie. Alors que le texte autobiographique se fonde sur un désir de retrouver avec une certaine précision les éléments qui appartiennent au passé, le poème tend à évoquer et à abstraire, refusant toute visée strictement référentielle. « Le poème lyrique, note Joëlle de Sermet, progresse ainsi à contre-courant de l'autobiographie. Là où cette dernière évolue du singulier vers l'universel (...), le lyrisme exprime, quant à lui, la généralité du souvenir dans ce qu'il a néanmoins de plus violemment singularisant. » (« L'adresse lyrique », *Figures du sujet lyrique*, Paris, PUF, 1996). Tout comme le sujet ne peut apparaître que dans l'effacement d'une voix, le monde est convoqué dans une présence qui est aussi absence.

Exemple

L'œuvre de René Char s'établit sur le refus souverain de toute concession aux illusions de la subjectivité et aux séductions d'un passé perdu. Dans « Déclarer son nom », il évoque son enfance à L'Isle-sur-Sorgue en un poème dont la tonalité semble d'abord nostalgique :

> J'avais dix ans. La Sorgue m'enchâssait. Le soleil chantait ses heures sur le sage cadran des eaux. L'insouciance et la douleur avaient scellé

le coq de fer sur le toit des maisons et se supportaient ensemble. Mais quelle roue dans le cœur de l'enfant aux aguets tournait plus fort, tournait plus vite que celle du moulin dans son incendie blanc ?

René Char, *La Parole en archipel, Au-dessus du vent*, « Déclarer son nom », 1952-1960.

Des éléments situent le poème dans l'enfance de René Char : l'emploi de la première personne, le souvenir des moulins à papier de L'Isle-sur-Sorgue. « L'insouciance et la douleur » évoquent peut-être la mort du père, en laquelle René Char voyait l'origine de son écriture. Mais les analogies (« enchâssait », « scellé », « le cadran », « la roue »), la polysémie du verbe « enchâsser » transcendent l'élément personnel (les bras de la Sorgue et l'union entre l'enfant et le paysage) pour suggérer, avec l'évocation des reliques, la présence des sèmes de la mort. Le retournement marqué par la conjonction de coordination « mais » de l'intériorité (première personne) à l'extériorité (troisième personne), souligne encore, au-delà du souvenir ponctuel, une expérience plus essentielle.

Le nom de la Sorgue est à l'origine d'une expérience qui excède le souvenir. L'écriture de René Char fait d'ailleurs de la nomination un élément essentiel de sa poétique. Le pouvoir du nom propre figure un imaginaire dont témoignent par exemple « Artine » ou « La Manne de Lola Abba », mais aussi les « Transparents ». Le nom propre permet la transposition fictive du poème lyrique, éloignant le poème d'une visée strictement référentielle, ou du moins l'inscrivant dans une présence-absence.

B. Figures du sujet

Dans la mesure où l'énonciation lyrique détermine un texte à effet de sujet qui à la fois suggère l'émotion d'une expérience et permet au lecteur d'éprouver cette émotion par une expérience reconduite, il convient de considérer la voix poétique comme le mode de figuration d'un sujet engagé dans une expérience du sensible. La voix poétique est une voix sans corps, qui cependant n'est pas désincarnée. Pour Kate Hamburger, dans *Logique des genres littéraires* (p. 221), le réel devient, dans l'espace du poème, une « réalité vécue » qui, du même coup, construit la figure d'un sujet lyrique à l'origine de cette « réalité vécue ». Ainsi, l'ethos* (ou image de soi dans sa parole) correspond à une figuration du sujet de l'énonciation.

Catherine Fromilhague et Anne Sancier, dans *Analyses stylistiques. Formes et genres* (Paris, Dunod, 1999, p. 43) montrent par exemple que

« Spleen » de Baudelaire (« Je suis comme le roi d'un pays pluvieux ») peut être lu comme « un ample portrait du moi moral et métaphysique » et que « l'étude du lyrisme impersonnel et de l'ironie » permet de voir que « ces deux postures du sujet figurent une perte, constitutive du spleen ». Cet ethos lyrique « définit ici l'être-au-monde du sujet lyrique baudelairien : un *In memoriam* ».

À la transparence du sujet, la poésie moderne et contemporaine semble donc opposer une rhétorique du moi. À l'illusion d'une transparence répond une figuration du sujet.

Exemple

Paul Valéry écrit *La Jeune Parque* au terme de la réflexion complexe des *Cahiers* où il tente d'éclairer le fonctionnement de l'esprit. Ce poème difficile fait du retour à la poésie un exercice de la lucidité. L'énonciation repose sur un effacement de la subjectivité qui n'est plus à l'origine de la voix, désormais produite, figurée, par le langage poétique, ce qu'expriment les trois premiers vers du poème :

> Qui pleure là, sinon le vent simple, à cette heure
> Seule avec diamants extrêmes ? mais qui pleure,
> Si proche de moi-même au moment de pleurer ?

La voix naît de cette interrogation même sur son origine, sur la source improbable, insituable des larmes. Souffrance d'un sujet absent, le moi comme source du poème cède la place, dans cette renaissance, à un moi qui surgit d'un chant peu à peu épuré. Le moi naît donc de la voix et cette renaissance détermine la forme du poème de Paul Valéry, monologue, récitatif lyrique où la figure mythologique est l'ethos lyrique qui permet d'incarner, dans la sensualité du chant, le drame intime et intellectuel du sujet. Dans l'œuvre de Paul Valéry, Narcisse, Orphée, ou la Jeune Parque ne sont que les figures qui permettent de se dire en s'éloignant d'une subjectivité aléatoire et accidentelle. L'ethos lyrique permet ainsi, dans *La Jeune Parque*, la sublimation du chant, la mise à distance de la part impure de la voix.

Le sujet, dans la poésie contemporaine, loin de révéler l'unité du moi, est figuré dans l'espace du poème. Cette figuration apparaît comme l'exigence d'une lucidité critique, mais aussi d'une interrogation sur la part d'altérité qui surgit dans la dualité de la voix.

Exemple

Les *Poèmes de Samuel Wood* de Louis-René des Forêts présentent au lecteur une suite savamment ordonnée de onze chants, encadrée par un exorde et un épilogue. Ce long monologue semble avoir pour origine une voix double, le poète et son double fictif, Samuel Wood :

> Toi dont rien ne dit que tu vives sous ce nom,
> Samuel, Samuel, est-ce bien ta voix que j'entends
> Venir comme des profondeurs d'un tombeau
> Renforcer la mienne aux prises avec des phrases
> Ou faire écho à sa grande indigence ?

Louis-René des Forêts, *Poèmes de Samuel Wood,*
Paris, Fata Morgana, 1988.

La seconde personne semble attester l'existence de Samuel Wood alors même que le « je » interroge la réalité de sa voix. Mais c'est aussi le signe d'un dialogue entre le poète et une figuration de son altérité profonde, le signe de cette crise d'un sujet qui ne peut désormais dire « je » que sous la menace d'une altérité inquiétante. Louis-René des Forêts n'évoque pas cependant un moment précis de son existence. « En logeant sa propre parole dans celle de Samuel Wood, écrit Jean-Michel Maulpoix dans *La poésie comme l'amour* (Paris, Mercure de France, 1998, pp. 59-60), Louis-René des Forêts dramatise un double procès : celui de son identité et celui de la poésie. ». La dramatisation du « je », sa transposition fictive, sont une réponse métaphorique à la crise du sujet, une manière de mettre à distance l'illusion lyrique et de maintenir la présence du chant. Les *Poèmes de Samuel Wood* s'achèvent ainsi sur un effacement de Samuel et sur le murmure d'un chant qui n'est pas sans rappeler la « voix sourde et pure » du poème de Philippe Jaccottet dans *L'Ignorant* :

> Si faire entendre une voix venue d'ailleurs
> Inaccessible au temps et à l'usure
> Se révèle non moins illusoire qu'un rêve
> Il y a pourtant en elle quelque chose qui dure
> Même après que s'en est perdu le sens
> Son timbre vibre encore au loin comme un orage
> Dont on ne sait s'il se rapproche ou s'en va.

La figuration du sujet est une des conséquences de cette crise sur laquelle se fonde la modernité. Elle manifeste, au cœur de la voix, une altérité qui est la part obscure du « je ». Mais cette manifestation du « je » peut être perçue comme un masque illusoire et trompeur. C'est pourquoi, dès la fin du XIXe siècle, la dérision, la parodie ou l'ironie, ainsi que le montre Philippe Hamon dans *L'Ironie littéraire. Essai sur les formes de l'écriture oblique* (Paris, Hachette, 1996, pp. 47-57), apparaissent comme autant d'issues pour conjurer l'illusion d'une unité du moi et pour concilier la figuration du sujet et l'exigence d'une hypothétique sincérité.

Exemples

Rimbaud, Verlaine, Corbière, Laforgue et plus encore Lautréamont fondent de manière paradoxale la voix du poème sur une distance ironique qui est aussi figuration du sujet de l'énonciation. Ce chant qui « dé-chante » est aussi celui de nombreux poètes contemporains comme Jude Stefan ou Jean-Claude Pirotte. Dans ces deux poèmes, la poésie tournée en dérision, « *pauvre rime* » ou « *povrésies* », écho d'autres chants (Verlaine, Villon, Ronsard), situe la voix entre chronique intime et parodie :

la poésie je sais bien
fichtre que c'est autre chose
mais ce soir ne suis enclin
qu'à l'élégie grise et rose

rythme impair et pauvre rime
de-ci de-là moins que rien
sous les mots et pour la frime
la fleur bleue le joli brin

l'heure est grave et je dépose
néanmoins mes légers riens
céans (mignonne, la rose…)
est-ce mal ou est-ce bien ?

à toi seule écrire j'ose
où es-tu ? reviens reviens
ma soif ma joie mon armoise
ma vigne ma faim mon vin

Jean-Claude Pirotte, *La Vallée de misère,* Cognac,
Le Temps qu'il fait, 1987.

comme une passion qui se serait éteinte
avant l'automne
en coton ras fin et très serré
par un été de toute beauté un
Respoir

dans le Bessin, le Bocage
la rime Oreste-funeste
zèbre atteint du charbon sur son bûcher
i.m.n.a.
(in memoriam notre auteur)
héros transformé en oiseau pour sauter
la mort la mort qui
guette dans l'arbre comme le tigre
saute sur sa proie
à tous les âges
radié des vies
povrésies

Jude Stefan, *Povrésies*, Paris, Gallimard, 1997.

C. Le sujet et l'émotion

Le poème est le lieu où le lecteur croit partager une émotion, sous la forme d'une expérience reconduite. La crise du sujet ne peut être simplement interprétée comme un refus, par la modernité, de cette émotion qui souvent est à l'origine du poème et que le lecteur pense retrouver. Paul Valéry explique dans *Variété III* que « Le Cimetière marin » est né de l'obsession d'un rythme : « Cette dernière condition exigea bientôt que le poème possible fût un monologue de "moi", dans lequel les thèmes les plus simples et les plus constants de ma vie affective et intellectuelle, tels qu'ils s'étaient imposés à mon adolescence et associés à la mer et à la lumière d'un certain lieu des bords de la Méditerranée, fussent appelés, tramés, opposés. »

Les poètes contemporains, tout en refusant les illusions d'un lyrisme subjectif, affirment avec constance la présence d'une expérience sensible à l'origine de l'écriture du poème. René Char parle ainsi, dans *Moulin premier*, pour décrire cette expérience, du poème comme une « matière-émotion » : « Audace d'être un instant soi-même la forme accomplie du poème. Bien-être d'avoir vu scintiller la matière-émotion instantanément reine. »

Michel Collot voit dans la « matière-émotion du langage » une redéfinition du sujet moderne par la phénoménologie : « L'é-motion lyrique ne fait peut-être que prolonger ou rejouer ce mouvement qui constamment porte et déporte le sujet vers son dehors, et à travers lequel seul il peut ek-sister et s'exprimer. » (« Le sujet lyrique hors de soi », *Figures du sujet lyrique*, p. 115).

Exemple

Dans *La Mounine ou note après coup sur un ciel de Provence* de Francis Ponge, le désir du texte naît d'une émotion première, expérience privilégiée et fondatrice du projet poétique : « Donc, à l'origine, une émotion sans cause apparente (le sentiment du beau ne suffit pas à l'expliquer. Pourquoi ce sentiment ? Beau est un mot qui en remplace un autre). » Le texte a donc son origine dans la sensibilité, dans ce passage de la sensation à sa traduction. Il prend la forme d'une sorte de journal intime, d'un « Cahier ouvert à Roanne le 3 mai 1941 », notant d'abord l'évocation d'un lieu et d'un moment précis qu'il s'agit de retrouver par l'écriture, puis l'essai de traduction poétique de ce ciel de Provence, et, juxtaposant les épreuves de cette émotion première, les commentaires sur la genèse du poème. La transcription de l'émotion tente d'abolir la distance entre le moment de l'écriture et l'instant de la contemplation, entre le « je » de l'énonciation et le « je » de l'énoncé :

> Vers neuf heures du matin dans la campagne d'Aix, autorité terrible des ciels. Valeurs très foncées. Moins d'azur que de pétales de violettes bleues. Azur cendré. Impression tragique, quasi funèbre. Des urnes, des statues de bambini dans certains jardins ; des fontaines à masques et à volutes à certains carrefours aggravent cette impression, la rendent plus pathétique encore. Il y a de muettes implorations au ciel de se montrer moins fermé, de lâcher quelques gouttes de pluie, dans les urnes par exemple. Aucune réponse. C'est magnifique.

Le désir d'abolir la distance entre l'émotion première et le moment de sa traduction est marqué stylistiquement par le recours à la syntaxe nominale et à des phrases verbales au présent, structures phrastiques majeures qui qualifient, avant de le nommer, le ciel de « La Mounine ». Phrases nominales, phrases verbales au présent et style asyndétique* posent alors une représentation sans en souligner le substrat logique, selon une technique de l'hypotypose* et de la visualisation. L'absence du noyau verbal dans les phrases nominales entraîne l'effacement des marques qui pourraient indiquer la position du sujet de l'énonciation (personne, tiroir temporel, aspect, mode, temps demeurent en effet implicites). Le présent de l'indicatif, avec sa valeur de « temps-caméléon » ou de « temps-zéro », abolit toute distance temporelle entre l'instant fugitif de l'émotion et le moment de sa transcription. Le sujet est présent, comme le montrent les épithètes (« autorité terrible », « Impression tragique, quasi-funèbre »), les superlatifs (« Valeurs très foncées ») et les choix lexicaux qui soulignent l'intensité affective de l'émotion première ; il semble cependant ne plus être affecté par cette distance entre énonciation et énoncé. Le texte, par ces choix stylistiques, par les références au modèle pictural (« Autorité terrible des ciels », « Azur cendré »), semble atteindre un point où se confondraient, dans la distance et le temps abolis, le sujet de l'émotion et le sujet de la traduction poétique.

Mais cette évocation porte thématiquement des signes inquiétants : « Il y a de muettes implorations au ciel à se montrer moins fermé », et l'éloge du paysage, à la fois « magnifique » et « terrible », où l'« impression tragique, quasi funèbre », produite par les « urnes » cinéraires s'associe à la vision des « statues de bambini », conduit finalement au silence. Le texte produit une vision qui unit énonciation et énoncé au sein d'une tension. La souffrance du sujet se manifeste dans l'impossible conciliation de ces deux visions du paysage, celle de la contemplation et celle de sa traduction. L'écriture ne parvient qu'à substituer à la force de l'émotion la médiation d'un texte poétique fragmenté, signe d'une difficulté du sujet à dire son émotion.

SYNTHÈSE

La crise du sujet est à l'origine de la modernité poétique : elle conduit à une redéfinition de la voix du poème et à une réinterprétation de la notion de genre.
Pour tenter de figurer stylistiquement ce sujet problématique, il faut considérer :
- le poème comme un « texte à effet de sujet » en étudiant les marques de l'énonciation*, signes d'une émotion et d'une expérience subjective ;
- les modes de la « dépersonnalisation » de la voix (expressions déictiques*, construction de la référence*), où le monde évoqué par le poème surgit dans une présence qui est aussi absence ;
- la distance entre le sujet de l'énonciation et le sujet de l'énoncé, signe d'un rapport au monde et au lecteur (de la fusion recherchée à la dérision).

EXERCICES

Voici trois poèmes qui tous reprennent la thématique lyrique de l'automne.

Vous appliquerez toutes les questions abordées précédemment à propos du sujet et vous essaierez de réfléchir sur l'énonciation, sur la figuration du sujet dans chacun des poèmes ainsi que sur les choix esthétiques qu'elles impliquent.

a. Quels sont les signes de la présence du locuteur dans le poème ? Le texte invite-t-il le lecteur à voir dans le « je » poétique le « je » autobiographique ?

b. Étudiez la construction de la référence : comment l'automne est-il représenté ? Dans quelle mesure cette représentation contribue-t-elle à figurer le « je » poétique ?

Texte 1

Automne malade et adoré
Tu mourras quand l'ouragan soufflera dans les roseraies
Quand il aura neigé
Dans les vergers

Pauvre automne
Meurs en blancheur et en richesse
De neige et de fruits mûrs
Au fond du ciel
Des éperviers planent
Sur les nixes nicettes aux cheveux verts et naines
Qui n'ont jamais aimé

Aux lisières lointaines
Les cerfs ont bramé

Et que j'aime ô saison que j'aime tes rumeurs
Les fruits tombant sans qu'on les cueille
Le vent et la forêt qui pleurent
Toutes leurs larmes en automne feuille à feuille
Les feuilles
Qu'on foule
Un train
Qui roule
La vie
S'écoule

Guillaume Apollinaire, *Alcools*, « Automne malade », 1913.

Texte 2

«Tout l'automne à la fin n'est plus qu'une tisane froide. Les feuilles mortes de toutes essences macèrent dans la pluie. Pas de fermentation, de création d'alcool : il faut attendre jusqu'au printemps l'effet d'une application de compresses sur une jambe de bois.

Le dépouillement se fait en désordre. Toutes les portes de la salle de scrutin s'ouvrent et se ferment, claquant violemment. Au panier, au panier! La Nature déchire ses manuscrits, démolit sa bibliothèque, gaule rageusement ses derniers fruits.

Puis elle se lève brusquement de sa table de travail. Sa stature aussitôt paraît immense. Décoiffée, elle a la tête dans la brume. Les bras ballants, elle aspire avec délices le vent glacé qui lui rafraîchit les idées. Les jours sont courts, la nuit tombe vite, le comique perd ses droits.

La terre dans les airs parmi les autres astres reprend son air sérieux. Sa partie éclairée est plus étroite, infiltrée de vallées d'ombre. Ses chaussures, comme celles d'un vagabond, s'imprègnent d'eau et font de la musique.

Dans cette grenouillerie, cette amphibiguïté salubre, tout reprend forces, saute de pierre en pierre et change de pré. Les ruisseaux se multiplient.

Voilà ce qui s'appelle un beau nettoyage, et qui ne respecte pas les conventions! Habillé comme nu, trempé jusqu'aux os.

Et puis cela dure, ne sèche pas tout de suite. Trois mois de réflexion salutaire dans cet état; sans réaction vasculaire, sans peignoir ni gant de crin. Mais sa forte constitution y résiste.

Aussi, lorsque les petits bourgeons recommencent à pointer, savent-ils ce qu'ils font et de quoi il retourne, - et s'ils se montrent avec précaution, gourds et rougeauds, c'est en connaissance de cause.

Mais là commence une autre histoire, qui dépend peut-être mais n'a pas l'odeur de la règle noire qui va me servir à tirer mon trait sous celle-ci.

Francis Ponge, *Le Parti pris des choses*, « La Fin de l'automne », 1942.

Texte 3

Déjà le plus sûr est tenu par la simple promesse
Du coin de la rue en automne, et la nuit vient.
La dernière boutique éteint ses lampes; je me tiens
Sous le mur assombri, dans la chaleur d'une détresse.
Des femmes sans passé hésitent, disparaissent
Avec ce geste indéfini dans leurs cheveux.
Je ne sais plus ce que j'attends ici; ce que je veux
M'est remis : ce n'est rien qu'un murmure qui se disperse,
Une lueur qui s'affaiblit au fond des yeux.

Jacques Réda, *Amen*, « L'automne rue Rousselet », 1968.

CORRIGÉ : voir p. 109.

3. La crise du genre poétique

La crise du sujet qui est à l'origine de la modernité bouleverse profondément les critères de définition du genre poétique. L'identification, par le Romantisme, de la poésie au lyrisme, du « je » poétique au « je » autobiographique, conduit, comme le montre Dominique Combe dans *Poésie et récit. Une rhétorique des genres* (Paris, José Corti, 1989), à opposer les « genres fictionnels » (l'épique et le dramatique) et la poésie lyrique, « genre de diction » reposant sur l'illusion référentielle.

Avec la modernité, et après la synthèse des genres rêvée par les poètes romantiques, la poésie se définit souvent en dehors de ses marques génériques traditionnelles, dans la quête de formes nouvelles et de l'expression du « poétique ».

A. Le lien avec les genres oratoires traditionnels

Il semble légitime de s'interroger sur la pertinence des marques d'un genre pour rendre compte d'une poésie contemporaine qui, fondée sur la crise du sujet, semble avant tout une poésie de rupture. La recherche de formes nouvelles, le déclin apparent des contraintes de la versification, le désir d'un dépassement du partage rhétorique des genres sont les signes les plus évidents d'une modernité où l'expression du « poétique » tend à dépasser l'inscription d'un texte dans le « genre poétique ». *Les Chants de Maldoror*, les œuvres de Michaux ou de Francis Ponge paraissent ainsi échapper à la classification traditionnelle des genres. Il en va de même pour les *Feuillets d'Hypnos* de René Char, « notes poétiques » au statut générique complexe, et pour sa poétique du fragment.

Mais l'interrogation moderne sur les marques de définition du genre poétique semble également préserver certains critères rhétoriques. Comme le rappelle Dominique Combe dans *Les Genres littéraires* (Paris, Hachette, 1992, p. 49), « malgré le déni de la rhétorique, la poésie moderne perpétue la tradition des genres oratoires alors même qu'elle s'est, le plus souvent, affranchie des genres poétiques ». Les critères rhétoriques, distinguant le « judiciaire » (jugement sur le caractère juste ou injuste d'une action déjà accomplie), le « délibératif » (débat sur le caractère opportun ou inopportun d'une action) et le « démonstratif » ou « épidictique » (éloge ou blâme des qualités d'un sujet) permettent alors de caractériser des textes dont le statut est complexe. Leurs combinaisons en effet sont à l'origine d'infinies variations orientant les choix stylistiques et le classement des formes par genre.

Le démonstratif et le délibératif sont les genres rhétoriques dominants. Ils définissent deux orientations majeures de la poésie contemporaine : la célébration d'une présence au monde et l'exigence éthique d'un juste rapport du sujet aux mots et aux choses.

Exemple

Pour Francis Ponge, le choix de l'épidictique correspond au refus d'une poésie personnelle. Il est une réponse à la crise du sujet, au « drame de l'expression ». Les titres témoignent d'ailleurs de ce « parti pris » qui fait du poème un discours encomiastique* (discours épidictique, discours de célébration) : *Le Parti pris des choses, Pour un Malherbe*, l'*Ode inachevée à la boue* ou *Proême*, mot grec qui désigne à la fois en rhétorique l'exorde (le commencement d'un discours) et un petit poème lyrique construit sur le modèle de l'hymne. Francis Ponge définit d'ailleurs en ces termes son projet dans *Pour un Malherbe* : « Il y a une poésie, la poésie d'amour ou d'éloges (j'entends ce mot au sens le plus fort), une poésie de parti pris qui peut ne faire aucune concession puisqu'elle implique l'affirmation, la profération parfaitement glorieuse et péremptoire, la profération de sa propre supériorité absolue, sa propre infaillibilité en même temps que celle de son objet. »

« Plat de poissons frits » appartient au recueil *Pièces*. En appelant les textes de ce recueil « proèmes », Francis Ponge manifeste le désir de se libérer d'un partage convenu des genres, en situant son écriture au-delà, entre la prose et le poème :

> Goût, vue, ouïe, odorat… c'est instantané :
>
> Lorsque le poisson de mer cuit à l'huile s'entr'ouvre, jour de soleil sur la nappe, et que les grandes épées qu'il comporte sont prêtes à joncher le sol, que la peau se détache comme la pellicule impressionnable parfois de la plaque exagérément révélée (mais tout ici est beaucoup plus savoureux), ou (comment pourrions-nous dire encore?)…. Non, c'est trop bon! Ça fait comme une boulette élastique, un caramel de peau de poisson bien grillée au fond de la poëlle…
>
> Goût, vue, ouïe, odaurades : cet instant safrané…
>
> C'est alors, au moment qu'on s'apprête à déguster les filets encore vierges, oui! Sète alors que la haute fenêtre s'ouvre, que la voiture claque et que le pont du petit navire penche vertigineusement sur les flots.
>
> Tandis qu'un petit phare de vin doré - qui se tient bien vertical sur la nappe - luit à notre portée.

Francis Ponge, *Pièces*, « Plat de poissons frits », 1961.

Un certain nombre de marques du genre épidictique soulignent cette invitation épicurienne à savourer un plat succulent. Les deux paragraphes d'inégale longueur qui constituent le corps du « proème » (néologisme forgé par Ponge pour désigner ses textes, entre prosaïsme et poétique) sont ouverts par deux phrases dont la parenté syntaxique, phonique (avec notamment le néologisme « odaurades » qui condense la sensation et son origine) et typographique indique qu'elles jouent un rôle majeur dans la construction du sens (« Goût, vue, ouïe, odorat... c'est instantané : »/ « Goût, vue, ouïe, odaurades : cet instant safrané »). L'absence de déterminants, de verbes, de coordinations traduit la jubilation sensuelle que provoque la contemplation de l'objet. La contemplation d'un spectacle qu'il s'agit de traduire, et même de photographier, comme en témoigne le parallèle entre la peau du poisson qui se détache sous l'effet de la cuisson et la pellicule de l'appareil photographique (« instantané »/ « comme la pellicule impressionnable parfois de la plaque exagérément révélée »), est aussi révélation (« révélée ») d'une défaite du langage dans la célébration des choses.

La beauté du spectacle, son caractère sublime, traduisent, dans la tradition du genre épidictique, l'impuissance du langage. Les parenthèses suspendent l'éloge : « (mais tout ici est beaucoup plus savoureux)/ (comment pourrions-nous dire encore ?) ». Le comparatif, le conditionnel, l'alternative entre les deux parenthèses, les silences marqués par les points de suspension, la modalité interrogative révèlent la supériorité de l'objet sur les mots qui le célèbrent. Le renoncement est d'ailleurs exprimé, non sans humour, sous la forme paradoxale d'une exclamation jubilatoire (« Non, c'est trop bon ! »). Ce point sublime est celui d'une fusion entre les mots et les choses dont témoignent les jeux sur le signifié* et sur le signifiant* (« odorat/odaurades », « c'est alors/Sète alors »). L'objet, devenu, comme Ponge l'explique dans « Le Soleil placé en abîme », « objeu » est alors « objoie » : « Ce que j'appelle objoie, c'est-à-dire l'orgasme auquel atteint tout système de signes parvenu par un redoublement forcené de l'étreinte textuelle au Septième Ciel, c'est-à-dire à un certain point où il ne fait plus que se signifier lui-même. »

Exemple

Dans la poésie de René Char, l'expérience profonde du sensible est indissociable de l'exigence d'un rapport éthique au langage et au monde. Deux poèmes, de statut très différent, évoquent la « contreterreur », le « contre-sépulcre » que la poésie doit opposer à la barbarie. Le texte 141 de « Feuillets d'Hypnos » échappe à toute tentative de classification générique. Écrit pendant les années où René Char combattait les nazis les armes à la main sous le nom de « Capitaine Alexandre », il est à la fois note, page de journal intime, poème en prose :

> La contre-terreur c'est ce vallon que peu à peu le brouillard comble, c'est le fugace bruissement des feuilles comme un essaim de fusées engourdies, c'est cette pesanteur bien répartie, c'est cette circulation ouatée d'animaux et d'insectes tirant mille traits sur l'écorce tendre de la nuit, c'est cette graine de luzerne sur la fossette d'un visage caressé, c'est cet incendie de la lune qui ne sera jamais un incendie, c'est un lendemain minuscule dont les intentions nous sont inconnues, c'est un buste aux couleurs vives qui s'est plié en souriant, c'est l'ombre, à quelques pas, d'un bref compagnon accroupi qui pense que le cuir de sa ceinture va céder... Qu'importent alors l'heure et le lieu où le diable nous a fixé rendez-vous !
>
> René Char, *Fureur et Mystère*, « Feuillets d'Hypnos », 1946.

Le poème intitulé « Qu'il vive ! », précédé d'une épigraphe (« Ce pays n'est qu'un vœu de l'esprit, un contre-sépulcre »), évoque la fragilité de l'univers des *Matinaux*.

> Dans mon pays, les tendres preuves du printemps et les oiseaux mal habillés sont préférés aux buts lointains.
>
> La vérité attend l'aurore à côté d'une bougie. Le verre de fenêtre est négligé. Qu'importe à l'attentif.
>
> Dans mon pays, on ne questionne pas un homme ému.
>
> Il n'y a pas d'ombre maligne sur la barque chavirée.
>
> Bonjour à peine, est inconnu dans mon pays.
>
> On n'emprunte que ce qui peut se rendre augmenté.
>
> Il y a des feuilles, beaucoup de feuilles sur les arbres de mon pays. Les branches sont libres de n'avoir pas de fruits.
>
> On ne croit pas à la bonne foi du vainqueur.
>
> Dans mon pays, on remercie.
>
> René Char, *Les Matinaux*, « Qu'il vive ! », 1950.

Au-delà de leur parenté thématique et de leurs différences formelles, ces deux poèmes présentent des constantes rhétoriques des genres épidictique et délibératif. Le fragment 141 de *Feuillets d'Hypnos* célèbre les sensations, les attitudes, les gestes d'une fragilité partagée par les êtres et les choses en une « commune présence » (« un bref compagnon accroupi qui pense que le cuir de sa ceinture va céder »). Le rythme, la structure asyndétique, le présentatif (« c'est ») sont autant de marques qui révèlent la présence sous-jacente du genre épidictique. Mais cette célébration de la « contre-terreur » ouvre, dans la poésie de René Char, sur un impératif éthique invitant à l'action. L'exhortation qui clôt le poème est une adresse qui dépasse la circonstance du combat : « Qu'importent alors l'heure et le lieu où le diable nous a fixé rendez-vous ! ». L'épidictique est alors étroitement lié au genre délibératif, qui apparaît comme sa conséquence.

La structure paraît inversée dans le poème des *Matinaux* où le délibératif initial fait ensuite place à l'épidictique. L'exhortation, impératif ou optatif, est présente dès le titre. Elle est prolongée par des énoncés dont le caractère absolu (emploi du pronom personnel à sémantisme indéfini « on », présent de vérité générale, négations restrictives : « On n'emprunte que ce qui peut se rendre augmenté. ») semble autant d'injonctions, d'impératifs éthiques nécessaires à l'apparition du pays entrevu et célébré comme un « vœu » : « Il y a des feuilles, beaucoup de feuilles sur les arbres de mon pays. Les branches sont libres de n'avoir pas de fruits. » Apparaissent alors des traits stylistiques caractéristiques du genre épidictique : présentatif (« il y a ») et profusion du réel.

B. Le refus de l'illusion lyrique

La poésie romantique opposait implicitement, autour de la notion de « mimésis* », les genres fictifs (l'épique et le dramatique) et le lyrique reposant sur une illusion référentielle. Cette opposition entre fiction et non-fiction, mais aussi sa remise en question, sont essentielles pour comprendre comment la modernité poétique, substituant la voix à la transparence du sujet, refusant à la fois le partage rhétorique des genres et la primauté donnée par le romantisme au lyrique et au subjectif, tente de donner forme à l'informe.

Ainsi, le refus de l'illusion lyrique a parfois conduit certains poètes, comme Mallarmé ou Valéry, à bannir tout élément narratif du champ de définition de la poésie. La forme du poème, l'espace du texte se définissent alors sur le mode d'une exclusion du narratif, de la fiction, qui garantirait la pureté de la voix poétique, dégagée des avatars du sujet. De fait, Mallarmé, dans *Crise de vers*, écarte le récit du champ de la poésie. Le lyrisme est interprété par Valéry, pour reprendre la formule célèbre de l'abbé Brémond, comme une voix pure, impersonnelle en ce qu'elle est débarrassée des scories de la subjectivité.

Mais la modernité s'affirme également par une volonté de transgresser cette ligne de partage entre les différents genres rhétoriques, dont témoigne par exemple la forme hybride du poème en prose. Le poème en prose repose très souvent, notamment chez Baudelaire, sur une narrativisation, comme dans les poèmes des *Fleurs du mal* réécrits dans les *Petits Poèmes en prose*. Comme le rappelle Dominique Combe dans *Poésie et récit*, on note le même travail chez Reverdy. Le poème du *Cadran quadrillé*, « Tel Jour à telle heure », repris dans *La Balle au bond* sous le titre « Le Sommeil du cœur », réutilise une structure de récit, introduisant une chronologie, comme pour en réaliser la fiction.

C'est ainsi qu'il faut lire peut-être la modernité de la *Prose du Transsibérien et de la petite Jehanne de France* de Cendrars. Restituant le rythme du voyage en chemin de fer, le poème de Cendrars juxtapose des éléments de récit : « En ce temps-là j'étais en mon adolescence / J'avais à peine seize ans et je ne me souvenais déjà plus de mon enfance... » Le récit en octosyllabes de Georges Perros, *Une vie ordinaire*, sous-titré « poème-roman », ou certains textes des *Poèmes bleus* interrogent la place et le statut de la fiction dans le poème.

Exemples

L'insertion ou l'exclusion de l'élément narratif dans le poème conduit à des effets différents. Le traitement du récit est toujours l'indice d'une réflexion de l'écriture sur les rapports complexes qu'elle entretient avec l'illusion lyrique

Le poème d'Yves Bonnefoy, « Le Bel Été », se fonde sur un récit épousant la structure métrique du sonnet.

Le feu hantait nos jours et les accomplissait,
Son fer blessait le temps à chaque aube plus grise,
Le vent heurtait la mort sur le toit de nos chambres,
Le froid ne cessait pas d'environner nos cœurs.

Ce fut un bel été, fade, brisant et sombre,
Tu aimas la douceur de la pluie en été
Et tu aimas la mort qui dominait l'été
Du pavillon tremblant de ses ailes de cendre.

Cette année-là, tu vins à presque distinguer
Un signe toujours noir devant tes yeux porté
Par les pierres, les vents, les eaux et les feuillages.

> Ainsi le soc déjà mordait la terre meuble
> Et ton orgueil aima cette lumière neuve,
> L'ivresse d'avoir peur sur la terre d'été.
>
> Yves Bonnefoy, *Hier régnant désert,* « Le Bel Été », 1978.

La rupture avec le plan de l'énonciation, le passage au récit, font de cet événement jamais nommé (la mort des grands-parents et la fin de l'enfance heureuse des étés passés dans le Lot) un événement symbolique et fondateur dont le « je » implicitement semble se détacher.

Mais le récit peut être inséré dans une autre intention. Les « textualistes », comme Denis Roche dans ses *Récits complets* ou, plus récemment, Jean-Marie Gleize dans *Les Chiens noirs de la prose*, font même du récit une arme contre le retour à un certain « néo-lyrisme ». Cette écriture est ainsi, dans *Les Chiens noirs de la prose*, une manière d'affirmer une littérarité radicale :

> (...) Ce qu'il veut, c'est sortir. Descendre, sortir. Se retrouver dans la rue. Avec les chiens. Être chien. Apprendre à écrire comme un chien fait son trou.
> Alors il ouvre son cahier. Il apprend à écrire en prose. Il rédige un manuel de prose.
> Derrière la porte la musique continue de couler. On dirait qu'elle est dans les murs, ou le plafond, ou le papier du mur. Il écrit contre.
>
> Jean-Marie Gleize, *Les Chiens noirs de la prose,* 1999.

La réflexion sur le narratif a pour conséquence de donner un statut différent à l'élément descriptif. Ce statut particulier de la description trahit, ainsi que le souligne Philippe Hamon dans *Introduction à l'analyse du descriptif* (Paris, Hachette, 1981, p. 10), la nostalgie d'un lien ancien avec l'épidictique : « Certes, dans l'Antiquité, il semble que la description (*ekphrasis, descriptio*) fasse principalement partie du genre épidictique qui réclame en effet la description systématique, surtout sous forme d'éloge, de certaines personnes, lieux, moments de l'année, monuments ou objets socialement privilégiés. La description, dans ses origines, (...) tiendrait toujours de la louange, du remerciement, de l'action de grâce (...) ».

Ce lien ancien entre le descriptif et l'épidictique, la poésie contemporaine l'éprouve sur le mode de la nostalgie ou de la perte. Le poème en prose de Jacques Réda, dans *Les Ruines de Paris*, se construit par exemple sur l'errance d'un sujet, errance rythmée par un regard porté sur les lieux. C'est ainsi qu'il faut peut-être interpréter la place de la description dans la poésie française au tournant des années 1980. La forme très libre des carnets, rappelant les « papiers journaux » dont parle Du Bellay à propos des *Regrets*, permet de saisir les variations les plus infimes du jour. Dans les *Carnets* de Paul de Roux, ou dans des œuvres de Philippe Jaccottet dont les titres sont explicites (*La Semaison*, *Fragments d'un paysage*), se dessine, par le descriptif, une poétique de l'inachèvement qui permet un rapport éthique entre le sujet, le langage, et le monde. Ainsi, André du Bouchet n'établit pas de hiérarchie entre l'écriture des *Carnets* et celle, fragmentée et fragmentaire, de ses recueils, *Air*, *Laisses* ou *Axiales*.

Exemple

Dans une page célèbre du *Cahier de verdure*, Philippe Jaccottet prolonge l'évocation en vers libres d'une rêverie sur le mot « rose » par un ample mouvement en prose décrivant un paysage.

> Rose, soudain comme une rose
> apparue à la saison froide.
>
> Il n'y a pas de neige,
> mais beaucoup d'eau vaillante dans les roches
> et des violettes en plein sentier.
>
> De l'eau verte à cause de l'herbe.
>
> Rose, portière de l'année.
>
> Comme la rose furtive à la joue,
> la neige qui s'efface avant de toucher le sol,
> bienfaisante.
>
> Cette combe verte, sans fleurs et sans oiseaux, suspendue, cette espèce de terrasse verte, au-dessus de laquelle passent les nuages rapides surgis comme des troupeaux du gouffre invisible et froid creusé derrière, ces pâturages où il n'y a plus de bétail depuis longtemps.
>
> Dans la lumière brillante qui, à contre-jour, s'embrume, cette sorte de hamac d'herbe, l'air vif dans les hauteurs et doux près du sol, la bergerie d'ivoire usé comme une lampe restée allumée en plein jour, comme la lune, justement, que l'on devine, le sein laiteux.
>
> Allez encore vers ces lacs de montagne qui sont comme des prés changés en émeraudes. Peut-être n'y boira-t-on plus, peut-être est-ce

pour cela qu'on les voit maintenant. Il y a des émeraudes dans la montagne comme on y croise des bêtes fuyantes. Et le printemps est poussière lumineuse.

Philippe Jaccottet, *Le Cahier de verdure*, 1990.

Le référent qui éclaire le sens de l'évocation, la « *poussière lumineuse* » du printemps, est progressivement dévoilé par les détours de la description. C'est d'ailleurs l'élément descriptif qui donne son unité à un texte formé d'éléments différents tant du point de vue formel (vers libres et prose) que du point de vue énonciatif (le troisième mouvement s'ouvrant sur une injonction qui est invitation à la marche). Ce dévoilement progressif de la description est révélé par des choix syntaxiques : aux phrases nominales fragmentées du mouvement en vers libres succèdent, dans la partie en prose, des phrases nominales prolongées par des expansions (compléments circonstanciels, propositions subordonnées relatives, appositions). Les approximations et les comparaisons (« cette espèce de terrasse verte au-dessus de laquelle passent les nuages rapides surgis comme des troupeaux du gouffre invisible et froid creusé derrière »), à la différence des métaphores, saisissent par touches successives ce paysage de montagne. La syntaxe particulière du descriptif dans le second mouvement épouse ainsi étroitement le dévoilement du réel et la construction du sens, ce que traduit la métaphore finale (rapprochant deux motifs bibliques : la poussière et la lumière), le dévoilement dans l'écriture d'une présence insaisissable et éphémère.

SYNTHÈSE

La poésie moderne et contemporaine est une poésie de rupture, de recherche, d'interrogation sur les marques de définition du genre. Si des marques perdurent, qui tiennent au lien profond qui unit la poésie aux genres oratoires, le refus de l'illusion lyrique détermine autant de poétiques qui désormais ne sont plus réductibles à des critères génériques explicites. Pour tenter de caractériser la nature, les modalités et les effets de cette rupture, il faut considérer :

- les signes du démonstratif et du délibératif;
- la place et le statut du narratif;
- la place et la fonction de l'élément descriptif.

EXERCICES

Voici deux évocations antagonistes des Antilles.

À partir des critères rhétoriques évoqués plus haut à propos des genres épidictique et délibératif, comparez les textes de ces poètes que tout oppose dans leur représentation des Antilles.

a. Étudiez les modalités, les formes verbales, les choix lexicaux dominants dans ces deux évocations des Antilles : en quoi ces deux textes, *a priori* si différents, peuvent-ils être rapprochés ?

b. Comment le « je » est-il figuré dans ces deux textes ? Dans quelles traditions du genre poétique pouvez-vous situer ces deux œuvres de rupture ?

Texte 1

... Ô ! j'ai lieu de louer !
Mon front sous des mains jaunes,
mon front, te souvient-il des nocturnes sueurs ?
du minuit vain de fièvre et d'un goût de citerne ?
et des fleurs d'aube bleue à danser sur les cirques du matin
et de l'heure midi plus sonore qu'un moustique, et des flèches lancées par la mer de couleurs... ?

Ô j'ai lieu de louer !
Il y avait à quai de hauts navires à musique. Il y avait des promontoires de campêche ; des fruits de bois qui éclataient... Mais qu'a-t-on fait des hauts navires à musique qu'il y avait à quai ?

Palmes... ! Alors
une mer plus crédule et hantée d'invisibles départs,
étagée comme un ciel au-dessus des vergers,
se gorgeait de fruits d'or, de poissons violets et d'oiseaux.
Alors, des parfums plus affables, frayant aux cimes les plus fastes,
ébruitaient ce souffle d'un autre âge,
et par le seul artifice du cannelier au jardin de mon père - ô feintes !
glorieux d'écailles et d'armures un monde trouble délirait.

(... Ô j'ai lieu de louer ! Ô fable généreuse, ô table d'abondance !)

Saint-John Perse, *Éloges*, « Pour fêter une enfance », 1911.

Texte 2

Au bout du petit matin...
Va-t-en, lui disais-je, gueule de flic, gueule de vache, va-t-en je déteste les larbins de l'ordre et les hannetons de l'espérance. Va-t-en mauvais

gris-gris, punaise de moinillon. Puis je me tournais vers des paradis pour lui et les siens perdus, plus calme que la face d'une femme qui ment, et là, bercé par les effluves d'une pensée jamais lasse je nourrissais le vent, je délaçais les monstres et j'entendais monter de l'autre côté du désastre, un fleuve de tourterelles et de trèfles de la savane que je porte toujours dans mes profondeurs à hauteur inverse du vingtième étage des maisons les plus insolentes et par précaution contre la force putréfiante des ambiances crépusculaires, arpentée nuit et jour d'un sacré soleil vénérien.

Au bout du petit matin bourgeonnant d'anses frêles les Antilles qui ont faim, les Antilles grêlées de petite vérole, les Antilles dynamitées d'alcool, échouées dans la boue de cette baie, dans la poussière de cette ville sinistrement échouées.

Au bout du petit matin, l'extrême, trompeuse désolée eschare sur la blessure des eaux ; les martyrs qui ne témoignent pas ; les fleurs du sang qui se fanent et s'éparpillent dans le vent inutile comme des cris de perroquets babillards ; une vieille vie menteusement souriante, ses lèvres ouvertes d'angoisses désaffectées ; une vieille misère pourrissant sous le soleil, silencieusement ; un vieux silence crevant de pustules tièdes,
l'affreuse inanité de notre raison d'être.

Aimé Césaire, *Cahier d'un retour au pays natal,* 1947.

CORRIGÉ : voir p. 111.

II
Le langage poétique en question

La définition par la modernité du genre poétique comme « sorcellerie évocatoire » bouleverse en profondeur le statut du poème. En effet, la crise du sujet conduit à séparer « mimésis* » et « poiésis* », autrement dit à privilégier dans le poème le travail sur le langage au détriment de la représentation.

Si l'impulsion est donnée par les poètes romantiques, c'est surtout à la fin du XIXe siècle, après 1870, que les poètes cherchent à se libérer des contraintes métriques, inventent des formes nouvelles, contestant ainsi le critère du vers comme critère de définition du poétique. Le poème en prose, mais surtout le vers libre, où le rythme linguistique prend le pas sur les contraintes du mètre, sont autant de voies ouvertes pour tenter de donner forme à cet objet insaisissable qu'est devenu le langage poétique. La poésie contemporaine se définit ainsi progressivement par l'exploration des possibles du langage. Le poème semble naître d'un travail exigeant sur la matérialité du signe linguistique, sur les virtualités du signifiant, sur les pouvoirs offerts par la typographie et la mise en page.

Trouvant son origine dans cette interrogation sur le langage, le poème apparaît alors comme la preuve et l'épreuve d'un geste créateur, mais aussi comme le signe d'une impuissance de la poésie à approcher l'être et le sensible. La contestation des anciennes règles qui fondaient le langage poétique, le refus parfois de toute musicalité qui la distinguerait de la prose, réduisent la poésie à la seule poétique. Aussi demeure, dans l'œuvre de nombreux poètes contemporains, au-delà d'une exigence profonde de modernité, comme une nostalgie qui peut-être est le mystère du genre poétique, le rêve de pouvoir donner forme à l'informe.

1. La fin des marques anciennes du poème : un langage en liberté

A. Pouvoirs et vertiges du rythme

Avant que les poètes ne voient dans le poème en prose et dans le vers libre des voies nouvelles ouvertes à la modernité, le poème se définissait par des marques formelles, régulières et codifiées par l'histoire du genre : structure du mètre, disposition des rimes, organisation strophique, agencement typographique. Jean Mazaleyrat définit ainsi le vers comme un « système de mesures rythmiques fondé sur une série de rapports perceptibles des parties entre elles et des parties au tout » (*Éléments de métrique française*, Paris, Colin, 1974, p. 16). Le langage poétique prend sens dans les rapports subtils qu'entretiennent le mètre, la syntaxe du discours et le rythme linguistique, déterminé en français par l'accent de groupe.

Les recherches des années 1880 autour du vers libre ont en commun le souhait de rendre au langage poétique, au-delà des contraintes métriques, le souffle de la voix d'un sujet. En effet, dans les poèmes de Jules Laforgue, de Gustave Kahn ou d'Émile Verhaeren, le vers est libéré parce qu'il n'est plus régi par des règles métriques mais par la succession de groupes accentuels. Le rythme linguistique l'emporte ainsi sur le rythme métrique*. Le vers libre est donc d'une certaine manière la manifestation dans le langage poétique de la crise du sujet qui fonde la modernité.

Certes, le vers libre n'est pas véritablement nouveau. La poésie classique n'ignore pas le vers libéré mais l'intègre dans la cohérence d'un système hétérométrique. La pratique des « vers mêlés », par exemple dans les *Fables* de La Fontaine, ne remet pas en cause les ensembles métriques et la régularité dans laquelle ils viennent s'insérer. À partir des années 1880, le désir d'abandonner la régularité métrique au profit de la liberté du rythme linguistique donne une place importante à l'énonciation au détriment de la cohérence des énoncés. Le vers libre reproduit le mouvement de l'énonciation, d'une voix naissant et s'absentant. La voix manifeste ainsi la présence du sujet de l'énonciation. Elle n'a plus nécessairement pour fonction de présenter des énoncés ordonnés dans une logique discursive elle-même contrainte par le cadre métrique. Elle est l'expression dans la langue d'une subjectivité qui dépasse, ainsi que le rappelle Henri Meschonnic dans *Critique du rythme*, l'opposition traditionnelle entre vers et prose : « Organisant ensemble la signifiance et la signification du discours, le rythme est l'organisation même du sens dans le discours. Et le sens étant l'activité du sujet de l'énonciation, le rythme est l'organisation du sujet comme discours dans et par son discours. »

Au-delà d'une simple liberté conquise, la réflexion sur le vers libre est étroitement liée à la crise du sujet : elle offre à la poésie contemporaine les pouvoirs et les vertiges du rythme.

Exemple

Un voyage à Munich en mars 1902 a inspiré à Guillaume Apollinaire le poème d'*Alcools* intitulé « La Maison des Morts ». L'histoire des variantes du texte est remarquable et intéressante à plus d'un titre. Apollinaire publia d'abord, en 1907, une version de ce texte sous la forme d'un conte en prose intitulé « L'Obituaire » dans le journal *Le Soleil*, puis une seconde version en 1909 dans *Vers et Prose* sous la forme d'un poème dont le titre était le même que celui de la première version. « La Maison des Morts », paru dans *Alcools* en 1913, est donc le troisième état du texte. La facture du poème est surprenante. À la « déponctuation », Apollinaire ajoute des strophes de longueur variable, dépourvues de rimes, et composées de vers de mètres différents. Le vers libre semble se prêter à l'étrangeté du sujet ; le souvenir du dépositoire des morts dans le cimetière de Munich inspire à Apollinaire cette évocation du tragique dérisoire de la condition humaine. Voici la première et la troisième strophe de ce long poème.

> S'étendant sur les côtés du cimetière
> La maison des morts l'encadrait comme un cloître
> À l'intérieur de ses vitrines
> Pareilles à celles des boutiques de modes
> Au lieu de sourire debout
> Les mannequins grimaçaient pour l'éternité
> (...)
> Soudain
> Rapide comme ma mémoire
> Les yeux se rallumèrent
> De cellule vitrée en cellule vitrée
> Le ciel se peupla d'une apocalypse
> Vivace
> Et la terre plate à l'infini
> Comme avant Galilée
> Se couvrit de mille mythologies immobiles
> Un ange en diamant brisa toutes les vitrines
> Et les morts m'accostèrent
> Avec des mines de l'autre monde.

Guillaume Apollinaire, *Alcools,* « La Maison des morts », 1913.

Les vers libres créent un rythme particulier qui traduit d'abord, dans la première strophe, en séparant avec netteté les propositions et les différents compléments, les éléments de la description, une fascination allègre devant la danse macabre offerte par les morts. Le rythme est celui de la vision d'un sujet et la première strophe transcrit une émotion en partie élucidée par le rapport de comparaison établi au quatrième vers. Le vers de deux syllabes qui ouvre la troisième strophe mime le passage de la vision à la fantasmagorie, en même temps qu'il semble engendrer le vers suivant « Rapide comme ma mémoire » et annoncer sémantiquement la révélation, l'apocalypse qui est aussi résurrection des morts. À ce vers de deux syllabes fait écho de manière signifiante le vers constitué du seul adjectif « Vivace », où par un jeu de mot (est vivace ce qui est soudain mais aussi doué de vie) s'opère le retournement de la strophe, le passage de l'apocalypse à la dérision, de la résurrection des morts à leurs « mines de l'autre monde ».

La forme du poème n'est donc pas due aux hasards de la création ou aux vicissitudes des publications : le choix du vers libre, comme unité de sens et unité de rythme, traduit dans « La Maison des Morts » la vision fantasmagorique et distanciée d'un sujet inscrit dans le poème.

L'interrogation sur le rythme est donc un élément fondateur de la redéfinition du genre poétique par la modernité. À la crise du sujet répond la crise du vers et du rythme, et plus largement la crise du langage poétique. Si, comme le rappellent Jean Molino et Joëlle Gardes-Tamine, le rythme est à la source du genre poétique défini comme « l'application d'une organisation métrico-rythmique sur l'organisation linguistique » (*Introduction à la poésie,* Paris, PUF, 1982, p. 8), toute mise en question de cette organisation est aussi une mise en question du genre. La disjonction affirmée entre mètre et rythme linguistique, par la place donnée à l'accent mobile de groupe, conduit le langage poétique à douter de l'intégrité du mot, de la syntaxe, du vers et de la capacité du poème à signifier.

B. L'essoufflement du vers

a. De la cadence métrique au rythme linguistique

En affirmant la suprématie du rythme linguistique sur le cadre métrique, la poésie moderne et contemporaine renouvelle en profondeur la définition, la conception même du vers et des éléments du langage poétique. Avant même l'invention du vers libre, les poètes romantiques avaient assoupli déjà les contraintes de la mesure syllabique et les règles de la césure, introduisant de subtiles dissonances. Le traitement plus libre du « e » caduc (la poésie contemporaine fait un usage remarquable de l'apocope* et de la coupe épique*), l'atténuation de la pause à la césure sont les signes les plus manifestes d'un essoufflement du vers au profit d'un rythme linguistique épousant le souffle d'une diction.

b. L'évolution de la rime

De même, il apparaît assez clairement que la rime ne s'inscrit plus nécessairement, dans la poésie contemporaine, au sein d'un système d'échos cohérent. Les règles concernant les rimes avaient déjà été assouplies par les poètes romantiques. Les poètes contemporains qui conservent encore la rime en modifient considérablement l'usage au point d'en redéfinir les règles. Ainsi Apollinaire choisit-il de considérer comme féminines toutes les rimes reposant sur une consonne suivie d'un « e » caduc et comme masculines toutes les rimes vocaliques.

c. Que reste-t-il de la strophe ?

La contestation de la rime affecte également l'unité du vers, et plus largement celle de la strophe qui règle sa disposition et son alternance. De fait, la strophe n'est plus marquée que par le seul critère de l'unité sémantique ou par celui de sa disposition aléatoire sur la page.

Exemple

« Notre vie » appartient au recueil intitulé *Le Temps déborde* publié en 1947. La mort de Nusch en 1946 fait entrer la poésie de Paul Éluard dans l'épreuve et la douleur.

Notre vie tu l'as faite elle s'est ensevelie
Aurore d'une ville un beau matin de mai
Sur laquelle la terre a refermé son poing
Aurore en moi dix-sept années toujours plus claires
Et la mort entre en moi comme dans un moulin.

Notre vie disais-tu si contente de vivre
Et de donner la vie à ce que nous aimions
Mais la mort a rompu l'équilibre du temps
La mort qui vient la mort qui va la mort vécue
La mort visible boit et mange à mes dépens

Morte visible Nusch invisible et plus dure
Que la soif et la faim à mon corps épuisé
Masque de neige sur la terre et sous la terre
Source des larmes dans la nuit masque d'aveugle
Mon passé se dissout je fais place au silence.

Paul Éluard, *Le Temps déborde,* « Notre vie », 1947.

Le poème se présente sous la forme de trois quintils de vers de douze syllabes non rimés. La seule cohérence tient donc à la mesure syllabique, raison pour laquelle on ne parlera pas d'alexandrins mais de dodécasyllabes. La notion même de strophe ne semble pas vraiment pouvoir rendre compte de la structure formelle du poème. En effet, comme le montre Jean Mazaleyrat dans *Éléments de métrique française* (Paris, Armand Colin, 1990, pp. 74-108), seul demeure un principe de liaison rythmique qui semble insuffisant pour fonder une régularité métrique. En réalité, le mouvement du poème, le réseau sémantique sont en décalage par rapport à la structure externe des quintils. Si dans la première strophe se mêlent les images de la vie et de la mort, ce rapport est déséquilibré dans la deuxième strophe où la vie n'est plus présente que dans les deux premiers vers avant de disparaître de manière définitive dans la dernière strophe pour laisser toute la place à la mort.

En fait, le poème s'articule autour du huitième vers qui, arithmétiquement, en est la ligne de partage. Cette articulation est d'ailleurs marquée par un connecteur, par le sémantisme du verbe de la proposition (« Mais la mort a rompu l'équilibre du temps »), par le changement du système personnel (passé regretté, présent douloureux), du système de l'énonciation (dialogue, solitude de la séparation). La disposition du poème en quintils suggère également, dans un nouveau décalage, un ample mouvement lyrique soutenu par la reprise anaphorique qui ouvre les deux premières strophes et l'ouverture antithétique de la dernière strophe. Ses échos phoniques (« Notre-Morte »/ « vie-visible ») rappellent la présence douloureuse de celle qui désormais est à jamais absente.

La même virtuosité apparaît dans le traitement des vers. Éluard ne fait pas le choix du vers libre mais celui de dodécasyllabes unis par une même mesure rythmique sans entrer cependant dans un schéma métrique et rimique cohérent. La césure interne, qui serait dans l'alexandrin à la sixième syllabe, est marquée très fermement, par exemple dans le premier vers. Dans les vers 4 et 9, le décalage entre les coupes et la césure médiane donne au vers une expressivité particulière qui rappelle celle du « trimètre » romantique (« La mort qui vient/La mort qui va/la mort vécue »), expressivité encore renforcée par la reprise anaphorique et le rappel obsédant de la mort. Seuls subsistent en finale de vers (raison pour laquelle on préférera ici ce terme à celui de rime qui implique, on l'a vu, un système cohérent d'échos sonores), des jeux subtils d'assonances (« vécue »/ « dure ») ou de contre-assonances (« dure »/ « terre »), c'est-à-dire d'homophonies consonantiques après une hétérophonie vocalique. Éluard retrouve une organisation phonique caractéristique de la poésie des troubadours pratiquant la « rims consonans » et que la poésie moderne et contemporaine redécouvre, en particulier avec Rimbaud et Apollinaire.

La dissémination des phonèmes suggère des réseaux sémantiques signifiants. Autour du phonème [i], voyelle « rouge » pour Rimbaud et susceptible d'exprimer la douleur, apparaissent des signifiants évoquant la vie désormais « invisible », tandis que le phonème consonantique [s] réunit des termes traduisant l'ensevelissement, la solitude, le silence : « ensevelie (...) Mon passé se dissout je fais place au silence ». Si l'on ne peut véritablement parler de rime pour les vers 3 et 5 (« poing »/ « moulin), il faut considérer avec d'autant plus d'attention la seule rime du poème, rime pauvre du second quintil (« temps »/ « dépens »). Elle souligne en effet le vers dont on a vu qu'il était la ligne de partage, de fracture du poème. Par un jeu d'assonance, le dernier mot du poème (« silence »), mot hautement symbolique dans l'univers imaginaire de Paul Éluard, fait écho à cette rime pauvre et donne à la mort de Nusch la profondeur tragique de ce moment où tout bascule, où le temps désormais n'est plus que silence, présence de la mort.

Éluard retrouve ainsi la facture formelle et thématique de la poésie élégiaque. Toutefois, ce n'est pas le temps qui s'écoule qui est source de douleur, mais la mort de l'être aimé qui brise le temps et conduit la parole vers le silence. Comme beaucoup de poètes contemporains, Éluard, qui fut de toutes les expériences surréalistes, se libère des anciennes contraintes métriques. Le dodécasyllabe garde les pouvoirs rythmiques de l'alexandrin dans la souplesse formelle du quintil et une trame phonique subtile remplace les échos mesurés de la rime. Mais cette libération ne saurait faire oublier la part de tradition que toujours elle implique et qui rend la poésie contemporaine à la fois belle et complexe.

La lecture du poème de Paul Éluard montre que l'assouplissement des contraintes du vers et de la rime n'est pas une simple libération, mais une interrogation de la poésie moderne et contemporaine sur les rapports qui l'unissent à l'histoire du genre. Paul Valéry maintient dans *Charmes* la contrainte créatrice de la rime dans sa rigueur la plus classique. Même lorsque la rime, dans la poésie contemporaine, semble contestée ou tournée en dérision, la virtuosité ou le jeu trahissent une mise à distance par la langue poétique de ses contraintes qui est aussi fascination. Ainsi, les écrivains de l'Ouvroir de Littérature Potentielle retrouvent certains procédés des « Grands Rhétoriqueurs », comme la rime rétrograde qui associe par des jeux de sonorités tous les phonèmes placés sous une coupe ou à la césure, pour donner une certaine autonomie à un mot ou à une partie de vers et pour libérer le sens par une série d'associations inédites. Commentant la composition de ses « Cinq sonnets » où il emploie le principe de la rime rétrograde qui permet de lire le poème en tous sens, l'oulipien Jean Queval écrit avec humour : « L'ensemble se figure par conséquent selon le principe alluvionnaire, ou boule de neige. » (*OuLiPo, la littérature potentielle*, Paris, Gallimard, 1973)

Dans *La Rime en 1940*, Louis Aragon voit la rime comme le paradoxe d'une contrainte libérant l'imaginaire et le langage poétique, et n'hésite pas, comme il l'écrit dans « Arma virumque cano », la préface de son recueil *Les Yeux d'Elsa*, à user avec virtuosité des « rimes intérieures, en les plaçant soit dans un même vers, à des endroits divers, à l'hémistiche ou ailleurs, ou d'un vers sur l'autre ». Aragon retrouve donc dans la rime brisée (les vers rimant ensemble par la fin et par la césure), mais aussi dans la rime équivoquée (reposant sur un jeu de mots ou sur deux termes de sens différent mais possédant le même signifiant) et dans la rime enjambante (partageant les homophonies entre la fin du vers et le début du vers suivant), une contrainte créatrice ouvrant à des associations nouvelles entre le son et le sens. Tel est le paradoxe des contraintes du langage poétique dans la poésie contemporaine, paradoxe qui traduit celui du sujet qui à la fois est et n'est pas, à la fois même et autre.

d. La tentation de l'informe

Au-delà de l'essoufflement du vers, c'est la pertinence de l'opposition vers-prose que conteste la poésie contemporaine. Affranchi des contraintes métriques, le poème tend à se libérer aussi des contraintes de la logique discursive, et en particulier de la syntaxe. Le sens est alors engendré par le rythme, par les réseaux métaphoriques et par le jeu sur les signifiants.

C'est ainsi que l'on peut interpréter, dans la poésie contemporaine, certains choix de ponctuation ou même le refus de ponctuer, c'est-à-dire de suggérer une structure logique à l'enchaînement des énoncés. La déponctuation, telle qu'elle est pratiquée notamment par Apollinaire dans *Alcools*, rend en effet plus complexe la construction du sens. Le mode même de suppression de la ponctuation est un geste signifiant. Lorsqu'Apollinaire « déponctue », à partir de 1912, les poèmes d'*Alcools*, il bouleverse l'organisation logique de l'énonciation. Mais lorsque les surréalistes pratiquent, comme André Breton, Paul Éluard et René Char dans *Ralentir Travaux*, l'écriture automatique, il faut considérer l'absence de toute ponctuation comme un choix délibéré de « non-ponctuation », comme le refus de ce qui pourrait s'opposer à la libération de l'inconscient dans le poème. Dans tous les cas, c'est au lecteur de restituer les pauses et les modalités de l'énonciation, de résoudre les ambiguïtés syntaxiques et sémantiques, en un mot de construire un sens.

Exemple

Apollinaire retrouve dans « Marie », l'un des poèmes du recueil *Alcools*, une tradition lyrique, représentée notamment par Ronsard, dans laquelle le sentiment amoureux se dit par la célébration du nom. Cette référence à une ancienne tradition lyrique est indissociable cependant de la tonalité d'*Alcools*, où la confidence apparaît dans une distance parfois ironique. Dans « Marie », la ponctuation a été supprimée par Apollinaire. Cette « déponctuation » n'est en rien gratuite. Elle rend le poème plus hermétique et participe de l'ambiguïté du sens que doit construire le lecteur, ce qui apparaît tout particulièrement dans la troisième strophe :

Les brebis s'en vont dans la neige
Flocons de laine et ceux d'argent
Des soldats passent et que n'ai-je
Un cœur à moi ce cœur changeant
Changeant et puis encor que sais-je

La suppression de la ponctuation n'empêche pas le lecteur de percevoir les marques d'un discours, d'un dialogue familier et intime, d'une introspection peut-être qui serait le fait du sujet de l'énonciation. En revanche, la déponctuation altère profondément la cohérence syntaxique et sémantique de l'énoncé, au point que l'interprétation grammaticale ne coïncide plus avec l'interprétation sémantique. En effet, si l'on considère que « ceux » a pour antécédent « flocons », le syntagme « ceux d'argent/Des soldats » désigne métaphoriquement les « casques », sujet du verbe « passer ». Mais si on lit « ceux d'argent » comme un zeugme* syntaxique prolongeant « Flocons de neige », et ainsi apposé à « brebis », la vision change ainsi que l'interprétation de l'énoncé. La déponctuation, on le voit, rompt l'illusion mimétique* et crée, par une série d'ambiguïtés, un sens nouveau ouvert à l'interprétation et à la création du lecteur.

La déponctuation met en évidence le dépassement même de la notion de phrase, la volonté de donner à chaque poème sa syntaxe propre. Pour Aragon, cette syntaxe est un moyen de créer poétiquement du sens : « J'aime les phrases qui se lisent de deux façons et sont par là riches de deux sens, entre lesquels la ponctuation me forcerait de choisir. Or je ne veux pas choisir. Si je veux dire les deux choses, il me faut donc écrire moi-même, choisir moi-même mon équivoque. Cette équivoque volontaire est un enrichissement du sens. » (*Entretien avec Francis Crémieux*, Paris, NRF, 1964, pp. 146-156).

La disposition typographique est alors le prolongement de cette syntaxe parfois complexe et ambiguë. La syntaxe poétique englobe en effet l'intonation suggérée par la construction de l'énoncé et plus largement les associations créées par les champs sémantiques et métaphoriques.

Exemple

Au début du XXe siècle, des poètes comme Apollinaire, Verhaeren ou Cendrars ont cherché à traduire, dans l'espace du poème, le rythme d'un univers étrange, fascinant parce que fragmenté, mouvant, insaisissable. Blaise Cendrars place le poème intitulé « Construction » à la fin de ses *Dix-neuf poèmes élastiques.* Ce poème s'achève lui-même par une série d'énoncés juxtaposés et occupant chacun l'espace d'un vers :

Et voici
La peinture devient cette chose énorme qui bouge
La roue
La vie
La machine
L'âme humaine
Une culasse de 75
Mon portrait

Le rythme du poème détermine ici sa propre « construction », sa propre syntaxe. L'absence de ponctuation, la déstructuration du vers rejoignent le choix de la syntaxe nominale effaçant avec le procès du verbe les marques de mode, de temps et de personne, pour suggérer un mécanisme, une « roue » qui emporte dans un même mouvement les choses (« Une culasse de 75 ») et le sujet (« Mon portrait ») dans une représentation kaléïdoscopique du temps et de l'espace.

On peut alors se demander s'il est encore pertinent de parler de vers pour rendre compte de certains textes contemporains. Les poètes textualistes regroupés avec Denis Roche autour de la revue *Tel Quel* refusent ce partage. Ainsi Jean-Marie Gleize choisit-il le vers de Hugo dans *Les Contemplations* (« J'ai jeté le vers noble aux chiens noirs de la prose ») pour titre d'un texte intitulé *Les Chiens noirs de la prose* (Paris, Seuil, 1999). C'est dire que le poétique naît d'une syntaxe inventée par le poème, dans et par son propre mouvement. Dans *Le Roman inachevé,* Aragon donne ainsi à chaque poème une mesure rythmique qui constitue sa respiration propre, passant insensiblement, dans l'espace parfois d'un même poème, du vers à la prose et de la prose au vers, du temps de l'écriture à celui du souvenir (l'évocation des deux guerres mondiales) :

> Ah le vers entre mes mains mes vieilles mains gonflées nouées de veines
> se brise et l'orage de la prose sillonnée de grêles et d'éclairs
> s'abat toute mesure perdue sur le poème lâché comme un chien débridé qui court à droite à gauche flairant tournant cherchant la rime
> tombée à terre et cela fait un joli désastre tout ce verre de Venise en morceaux où la bête échappée hurle à douleur et le sang paraît à ses pattes si bien qu'il n'y a plus qu'à se laisser emporter par le torrent par le langage sans autre frein que la souffrance le souffle le cœur défaillant la chute et les genoux couronnés la sueur tout le long du corps détraqué qu'occupe un bondissement déréglé dans sa cage d'os la guerre c'était hier car quarante ans ça passe vite sur la carcasse la guerre d'il y a quarante ans et cette autre qui vint en l'an quarante est-ce que nous ne sommes pas tous les enfants de ce monstre qu'on croit mort à chaque fois qu'il n'est qu'endormi n'avons-nous pas au front de notre tête au fond de notre chair à notre nuque prête à ployer à nouveau la marque du monstre dont nous sommes sortis la guerre
> (...)

Louis Aragon, *Le Roman inachevé*, Gallimard, 1956.

SYNTHÈSE

À la crise du sujet répond la crise du vers et du rythme, et plus largement la crise du langage poétique. Le poème ne cherche plus à représenter, mais à créer dans et par le langage un sens autre. La liberté conquise sur les règles métriques, sur les contraintes imposées par les formes du genre, donne ainsi au rythme une place essentielle. Affranchi des contraintes métriques, le poème tend à se libérer aussi des contraintes de la logique discursive, et en particulier de la syntaxe. Le sens naît alors du rythme et des métaphores.

EXERCICE 1

« À la désespérade » est peut-être le plus beau poème lyrique des *Matinaux*. La liberté rythmique du vers semble en effet la traduction sensible de cet « amour réalisé du désir demeuré désir » qui, pour René Char, est l'exigence suprême de la poésie.

a. Repérez les différents types de vers dans ce poème de René Char : quelle est la structure rythmique dominante ?

b. Comment pouvez-vous lire, du point de vue du compte des syllabes, les vers 3 et 7 ?

c. Quels sont les effets de sens qui découlent du traitement du vers dans ce poème ?

À la désespérade

Ce puits d'eau douce au goût
sauvagin qui est mer ou rien.

– Je ne désire plus que tu me sois ouvert,
Et que l'eau grelottant sous ta face profonde
Me parvienne joyeuse et douce, touffue et sombre,
(Passagères serrées accourues sur mes lèvres
Où réussissent si complètement les larmes),
Puits de mémoire, ô cœur, en repli et luttant.

Laisse dormir ton ancre tout au fond de mon sable,
Sous l'ouragan de sel où ta tête domine,
Poète confondant, et sois heureux,
Car je m'attache encore à tes préparatifs de traversée !

René Char, *Les Matinaux*, « À la désespérade », 1950.

CORRIGÉ : voir p. 112.

EXERCICE 2

Commentez le choix des vers libres dans cet extrait des *Villes tentaculaires* (1895) d'Émile Verhaeren. Observez les choix syntaxiques, les rythmes et les sonorités : dans quelle mesure ces choix traduisent-ils une poésie de la modernité ?

Se regardant de leurs yeux noirs et symétriques,
Par la banlieue, à l'infini,
Ronflent le jour, la nuit,
Les usines et les fabriques.

Oh les quartiers rouillés de pluie et leurs grands'rues !
Et les femmes et leurs guenilles apparues
Et les squares, où s'ouvre, en des caries
De plâtras blancs et de scories,
Une flore pâle et pourrie.

Aux carrefours, porte ouverte, les bars :
Etains, cuivres, miroirs hagards,
Dressoirs d'ébène et flacons fols
D'où luit l'alcool
Et sa lueur vers les trottoirs.
Et des pintes qui tout à coup rayonnent,
Sur le comptoir, en pyramides de couronnes ;
Et des gens soûls, debout,
Dont les larges langues lapent, sans phrases,
Les ales d'or et le whisky, couleur topaze.

Émile Verhaeren, *Les Villes tentaculaires*, 1895.

CORRIGÉ : voir p. 112.

EXERCICE 3

Dans ce poème intitulé « C », Aragon évoque la débâcle de l'armée française en 1940 devant les troupes nazies et le passage du pont de Cé, au sud de la Loire, près d'Angers.

Étudiez le traitement de la rime : en quoi est-il important pour la construction du sens ?

J'ai traversé les ponts de Cé
C'est là que tout a commencé

Une chanson des temps passés
Parle d'un chevalier blessé

D'une rose sur la chaussée
Et d'un corsage délacé

Du château d'un duc insensé
Et des cygnes dans les fossés

De la prairie où vient danser
Une éternelle fiancée

Et j'ai bu comme un lait glacé
Le long lai des gloires faussées

La Loire emporte mes pensées
Avec les voitures versées

Et les armes désamorcées
Et les larmes effacées

Ô ma France ô ma délaissée
J'ai traversé les ponts de Cé

Aragon, *Les Yeux d'Elsa*, « C », 1942.

CORRIGÉ : voir p. 112.

2. Donner forme à l'informe

La distance prise avec les règles fixées par la tradition ne signifie pas nécessairement le refus de toute volonté d'organisation du poème. Choisissant librement d'autres conventions, les poètes contemporains tentent, par des voies différentes, de donner forme à l'informe.

A. Des formes nouvelles

La réflexion sur le vers libre détermine fortement les enjeux de la poésie moderne et contemporaine. Elle ouvre en effet le champ poétique à une liberté, à une individuation de la voix, mais aussi aux vertiges de l'informe. Elle suscite du même coup le désir d'innover, de rechercher des formes nouvelles. Rares sont en effet les poètes qui, comme Valéry, voient dans le respect absolu des contraintes métriques un « exercice » nécessaire et créateur. Les poètes de l'OuLiPo ont ainsi érigé, souvent avec humour, en véritables lois de composition des contraintes d'écriture susceptibles de créer des formes nouvelles, comme le rappelle François Le Lionnais dans « La Lipo (Le premier manifeste) » en 1960 : « Doit-on s'en tenir aux recettes connues et refuser obstinément d'imaginer de nouvelles formules ? (...) L'humanité doit-elle se reposer et se contenter, sur des pensers nouveaux de faire des vers antiques ? Nous ne le croyons pas. Ce que certains écrivains ont introduit dans leur manière, avec talent (voire avec génie) mais les uns occasionnellement (forgeages de mots nouveaux), d'autres avec prédilection (contre-rimes), d'autres avec insistance mais dans une seule direction (lettrisme), l'Ouvroir de Littérature Potentielle (OuLiPo) entend le faire systématiquement et scientifiquement, et au besoin en recourant aux bons offices des machines à traiter l'information. » (*OuLiPo, la littérature potentielle*, Paris, Gallimard, 1973)

L'OuLiPo se fixe ainsi de nouvelles contraintes : l'homovocalisme (reprise de toutes les voyelles d'un texte en changeant toutes les consonnes), l'homoconsonnantisme (exercice symétriquement inverse), le lipogramme (on écrit un texte sans jamais utiliser une lettre particulière de l'alphabet), le tautogramme (répétition de plusieurs lettres), le palindrome (un vers ou un poème qui puisse se lire aussi bien de droite à gauche que de gauche à droite), l'exercice « S + 7 » dont la règle est ainsi définie par Raymond Queneau : « Prendre un texte et un dictionnaire, remplacer chaque substantif du texte par le septième qui le suit dans le dictionnaire. » (*Oulipo, Atlas de littérature potentielle*, Paris, Gallimard, 1981, p. 166)

La contrainte formelle aboutit à la création mais aussi à l'invention de formes nouvelles.

L'architecture des recueils de Jacques Roubaud, Σ (1967) et *Trente et un au cube* (1973), s'inspire de cette réflexion sur la contrainte et la forme. Les 361 textes de Σ reprennent l'organisation du jeu de go, tandis que *Trente et un au cube* présente trente et un poèmes qui se composent de trente et un vers de trente et une syllabes.

a. Le verset

Peut-on dire que le verset* est une forme ou ne faut-il voir dans ce retour à une « strophe » héritée de l'ancien souffle liturgique qu'une extension du vers libre ? Le verset poétique apparaît comme une conciliation entre un désir d'harmonie et la liberté née de l'affranchissement du cadre métrique. Car le verset emprunte d'abord à une tradition ancienne, celle des paragraphes qui partagent le souffle de textes sacrés comme la Bible. Mais la liberté de sa structure rythmique n'est pas fixée. La délimitation du verset est du reste assez floue puisque sa longueur, comme le rappelle Michèle Aquien dans son *Dictionnaire de poétique* (Paris, Librairie Générale Française, 1993, pp. 314-316), tout en excédant la mesure du vers, peut compter « plusieurs lignes, jusqu'au paragraphe entier », sans nécessairement posséder une unité syntaxique. Michèle Aquien rappelle également que l'on distingue trois types de versets :

– **le verset métrique,** qui « se caractérise par un regroupement de cellules rythmiques aisément repérables grâce à leur parenté avec le vers réglé » : le verset de Saint-John Perse dans *Amers* peut être caractérisé de « métrique » puisqu'il se fonde, comme dans ce bref exemple, sur le retour régulier de l'hexasyllabe et de l'octosyllabe :

> Les Tragédiennes sont venues (8), descendant les ruelles (6). Se sont mêlées aux gens du port (8) dans leurs habits de scène (6). Se sont frayé leur rout(e) (6) jusqu'au rebord de mer (6).

Saint-John Perse, « Les Tragédiennes sont venues… », *Amers*, 1957.

– **le verset rythmique ou cadencé**, dont la « cadence, fondée plutôt sur des groupes rythmiques, repose également sur le travail d'une syntaxe lyrique et oratoire, qui joue sur de grands ensembles » (voir l'exemple du verset de Claudel) : dans « Psaume de Pâques », de Jean-Claude Renard, de longues périodes* s'étendant sur plusieurs versets cadencés rythment la ferveur religieuse du poète :

> Et il est temps en moi d'user de ce pouvoir;
> Et il est temps en nous de sortir du tombeau, avant qu'il soit midi, pour marcher vers les sources.

Jean-Claude Renard, « Psaume de Pâques », *La Terre du sacre*, 1966.

– **le verset dit amorphe,** qui « n'est pas guidé par un souci de rappels métriques ou syntaxiques » et dont la « facture est plus en rapport direct avec le développement de l'image ou du thème », que l'on peut repérer dans les poèmes de Blaise Cendrars, comme dans cet extrait de *La Prose du transsibérien* :

> Le ciel est comme la tente déchirée d'un cirque pauvre
> dans un petit village de pêcheurs
> En Flandres
> Le soleil est un fumeux quinquet
> Et tout au haut d'un trapèze une femme fait la lune.

Blaise Cendrars, *La Prose du transsibérien*, 1913.

Il s'agit donc d'une forme qui, pratiquée par Claudel, Saint-John Perse, Senghor, ou encore Supervielle, peut rendre d'infinies nuances, de la simplicité du souffle à l'ampleur de l'invocation.

Exemple

Dans les *Cinq Grandes Odes* (1910), Paul Claudel recherche un souffle poétique nouveau pour traduire cet enthousiasme de l'inspiration qui est aussi expérience sensible du divin. Claudel a lui-même expliqué, à propos de cette quatrième ode, intitulée « La Muse qui est la Grâce », qu'il a voulu exprimer l'« invasion de l'ivresse poétique » en une « suprême évocation de l'amour charnel et humain ». Voici les cinq premiers versets de cette ode :

> Encore! encore la mer qui revient me rechercher comme une barque,
> La mer encore qui retourne vers moi à la marée de syzygie et qui me lève et remue de mon ber comme une galère allégée,

Comme une barque qui ne tient plus qu'à sa corde, et qui danse furieusement, et qui tape, et qui saque, et qui fonce, et qui encense, et qui culbute, le nez à son piquet,

Comme le grand pur-sang que l'on tient aux naseaux et qui tangue sous le poids de l'amazone qui bondit sur lui de côté et qui saisit brutalement les rênes avec un rire éclatant !

Encore la nuit qui revient me rechercher

L'inspiration poétique est comparée au mouvement de la mer. Claudel retrouve ce mouvement d'itération et d'emphase dans le retour des exclamations qui ont une fonction de célébration, dans la reprise de l'adverbe à l'ouverture de l'ode, dans la récurrence du préfixe « re » qui marque à la fois le retour, le recommencement et la renaissance. La mesure du verset permet de rendre par le rythme (l'étymologie grecque renvoie d'ailleurs à ce mouvement de la mer) la montée de l'inspiration, la respiration du souffle du poète. Les reprises syntaxiques (fonction syntaxique, sémantique et rythmique des relatives) et sémantiques sont amplifiées par les mesures du premier verset (2 / 2 / 3 / 3 / 4 / 4) et du second verset (2 / 2 / 4 / 3 / 4 / 4 / 4 / 3 / 3 / 5 / 3) où Claudel retrouve la mesure rythmique grecque de l'iambe qui fait se succéder une voyelle non accentuée et une voyelle accentuée.

Le verset permet donc à Claudel d'établir une profonde cohérence entre le thème (l'inspiration comme « en-thousiasme »), le réseau métaphorique (la mer qui n'est pas sans rappeler le cri que poussèrent les soldats de Xénophon dans l'*Anabase*), la syntaxe (structure phrastique en escalier* où les relatives ont une fonction syntaxique, sémantique et rythmique) et le rythme (la « montée » des mesures iambiques en des versets de longueur inégale). L'inspiration apparaît comme un souffle qui ravit le corps et l'âme.

Le retour du verset dans la poésie du XXe siècle semble donc répondre au désir d'inscrire le souffle dans une forme qui l'excède et qui pourtant en préserve la liberté. Ainsi doit-il être considéré comme un ensemble qui dépasse la notion de vers ou de strophe. Il est, au même titre que le poème en prose, une tentative pour donner forme à l'informe : « Avec la ligne, avec le verset, la poésie, comme le rappellent Gérard Dessons et Henri Meschonnic, atteint sa propre prose : en jouant justement sur l'étymologie du mot « prose », contrairement à ce qu'y a compris la tradition, qui l'oppose à la poésie parce qu'elle l'identifie au vers : la poésie est sa propre prose quand elle est son propre mouvement en avant, son propre inconnu. » (*Traité du rythme,* Paris, Dunod, 1998, p. 109)

EXERCICE

Dans *Éloges*, Saint-John Perse choisit également la forme du verset, pour évoquer les Antilles de son enfance.

Étudiez, dans cet extrait de *Pour fêter une enfance*, comment le verset donne une tonalité particulière à l'évocation de la mort de la « très petite sœur ».

> Et les servantes de ma mère, grandes filles luisantes... Et nos paupières fabuleuses... Ô
> clartés ! ô faveurs !
> Appelant toute chose, je récitai qu'elle était grande, appelant toute bête, qu'elle était belle et bonne.
> Ô mes plus grandes
> fleurs voraces, parmi la feuille rouge, à dévorer tous mes plus beaux
> insectes verts ! Les bouquets au jardin sentaient le cimetière de famille. Et une très petite sœur était morte : j'avais eu, qui sent bon, son cercueil d'acajou entre les glaces de trois chambres. Et il ne fallait pas tuer l'oiseau-mouche d'un caillou... Mais la terre se courbait dans nos jeux comme fait la servante,
> celle qui a droit à une chaise si l'on se tient dans la maison.

Saint-John Perse, « Pour fêter une enfance II », *Éloges*, 1911.

CORRIGÉ : voir p. 113.

b. Le poème en prose

Le poème en prose pose des problèmes liés à sa définition. Il s'agit en effet d'une forme inclassable et souvent choisie dans la poésie contemporaine, notamment par Francis Ponge ou par Henri Michaux, parce qu'elle permet de rejeter l'inscription immédiate du « texte » dans le genre poétique. En réalité, le poème en prose pose les mêmes problèmes de classification que le poème en versets.

Dans *Le Poème en prose de Baudelaire à nos jours* (Paris, Nizet, 1959), Suzanne Bernard tente de définir le poème en prose à partir des critères d'unité, de gratuité et de brièveté, ce dernier critère étant le seul qui permette de le distinguer de la prose poétique. Elle oppose ainsi à une forme « organisatrice » (jouant sur des effets de parallélisme et de clôture) une forme « anarchique ». Yves Vadé, dans son essai intitulé *Le Poème en prose* (Paris, Belin, 1996), insiste également sur la concision qui altère profondément l'élément narratif et l'élément descriptif dans le poème en prose. Cependant, cette forme semble résister à toute tentative de description ou de classement, peut-être parce qu'elle montre, dans tout son mystère, l'essence même de la poésie.

Exemple

Pierre-Albert Jourdan est une voix discrète mais importante de la poésie contemporaine. Dans ce poème en prose intitulé « Gouttes de pluie », Il construit, à partir d'une évocation de la pluie, une méditation sensible sur le pouvoir de la poésie.

> Gouttes de pluie sur la tôle, plus sobres que ces mots si peu vêtus, gouttes de pluie comme on bat le rappel, plaintes feutrées - ici aussi tu tords le mouchoir ! Toujours tu te détournes de cet espace inhabitable. La pluie ne dit pas autre chose, frappant sur la tôle.
>
> Frappe, pluie, frappe encore ! Il y a toujours à détruire. Mais, demain, ce miroir d'eau refusera mon visage, il est le trouble.
>
> Ici s'égrène la sentence, je le sais. Ce peu déjà je le sais. Peut-être que la pluie ne va pas cesser ? C'est elle l'arche.

Pierre-Albert Jourdan, *L'Espace de la perte*, « Gouttes de pluies », Paris, Editions Unes, 1984.

Le poème en prose repose, comme le rappelle Suzanne Bernard, à la fois sur un axe descriptif et sur un axe poétique. Le lecteur s'attend en effet dès le titre à découvrir la description d'une averse, d'un élément qui lui est familier. Cet axe est bien activé dans le poème de Pierre-Albert Jourdan par un certain nombre de termes tout à fait concrets : le début du poème reprenant le titre « Gouttes de pluie sur la tôle », « la tôle », « la pluie ». Mais si le poète fait l'économie d'images trop explicitement poétiques, préférant une voix humble, ce murmure au plus près des choses, un certain nombre de procédés font de ce texte un poème. L'élaboration rythmique est en effet sensible. Chaque paragraphe est souligné rythmiquement : le premier par un syntagme de sept syllabes rappelant le titre et repris lui-même dans une structure anaphorique, le second par un hexasyllabe scandé par de nombreuses coupes (qui correspond à un changement de modalité : l'adresse à la pluie), le troisième par un dodécasyllabe soulignant l'énoncé « sentencieux » et la clausule strophique (« C'est elle l'arche ») ouvrant le poème sur une image sensible (l'arc-en-ciel), signe d'une alliance nouvelle et perdue (« l'arche » rappelant l'arche biblique, alliance entre Dieu et les hommes). Les parallélismes, les reprises de sonorités, les jeux sur le lexique (le « trouble » du visage qui est aussi trouble du miroir et trouble du langage) sont autant de traductions poétiques de la comparaison, autour du motif du dénuement, entre les gouttes de pluie et les mots : « Gouttes de pluie sur la tôle, plus sobres que ces mots si peu vêtus. » Cette quête d'une parole humble justifie le décalage humoristique exprimé par la comparaison (« plaintes feutrées - ici aussi tu tords le mouchoir ! »).

Le poème, pour Pierre-Albert Jourdan, est cet « espace inhabitable », où le « peu » est la condition d'un surgissement du sens.

EXERCICE

Voici un autre poème en prose. Dans ce texte intitulé « Quand les motocyclettes rentrent à l'horizon », Henri Michaux semble célébrer, en choisissant pour sujet la motocyclette, la beauté fascinante et fugitive du monde moderne.

a. Quelles sont les marques qui font de ce texte un poème en prose ?

b. Quelle relation le poète instaure-t-il avec le lecteur ?

La seule chose que j'apprécie vraiment, c'est une motocyclette. Oh ! Quelles jambes fines, fines ! À peine si on les voit.

Et pendant qu'on les admire, déjà, tant elles sont rapides, elles regagnent prestement l'horizon qu'elles ne quittent jamais qu'à grand regret.

C'est ça qui fait rêver ! C'est ça qui fait pisser rêveusement les chiens contre le pied des arbres ! C'est ça qui nous endort à tout le reste, et toujours nous ramène, recueillis aux fenêtres, aux fenêtres aux grands horizons.

Henri Michaux, « Quand les motocyclettes rentrent à l'horizon »,
Lointain intérieur, 1938.

CORRIGÉ : voir p. 114.

B. La page comme partition

La poésie contemporaine utilise également les ressources du rythme de la page, afin de donner une forme autre, distincte peut-être de celle du genre, à l'informe du langage et du monde.

Avec *Un coup de dés jamais n'abolira le hasard* de Mallarmé, le poème devient un objet figuratif. Mallarmé explore en effet toutes les virtualités offertes au sens par la disposition des vers sur la page. Ce n'est plus le sujet qui ordonne les significations du poème mais le lecteur qui, par son appréhension de l'espace de la page, construit le sens. Le retour à la ligne, dans une forme versifiée, suppose en effet un rythme particulier de l'énoncé, fait de retours, de reprises du sens. La mise en page du poème invite au contraire le lecteur à abandonner une lecture qui se construirait par une linéarité syntagmatique et par un souci de visée référentielle. Le sens se construit alors de manière diffractée, par une mise en rapport de l'ensemble des éléments du poème.

Apollinaire compose avant la Première Guerre mondiale ses premiers idéogrammes lyriques. Le titre définitif du recueil, *Calligrammes*, n'apparaît qu'en 1917 et vient se substituer à *Et moi aussi je suis peintre*, qui témoignait bien de l'ambition du poète de faire du texte le lieu d'une synthèse entre le mot, le son et l'espace de la page. Comme il l'affirme en 1917 dans *L'Esprit nouveau et les poètes*, Apollinaire recherche un « lyrisme visuel » afin d'atteindre « la synthèse des arts, de la musique, de la peinture et de la littérature ».

Le calligramme bouleverse en profondeur la réception et l'interprétation du poème. Le lecteur doit abandonner l'approche linéaire de l'énoncé pour prendre en compte, dans l'espace de la page et de manière simultanée, le son, le dessin et le sens.

Exemple

Le célèbre calligramme intitulé « Cœur couronne et miroir » présente, dans le rythme de la page, la succession de trois calligrammes. Le poème possède donc une dimension à la fois linguistique (il évoque bien trois référents distincts) et iconique (il donne à voir ce dont il parle). Le calligramme se construit alors sur une mise en abyme du sens et de sa figuration : la couronne est représentée dans une structure en miroir où se réfléchit le « cœur des poètes » promis à une renaissance, tandis que le « cœur » se présente comme la figuration de celui du poète, comme si d'ailleurs (ce que suggère l'inscription du nom) les trois calligrammes représentaient son visage. Le rythme de la page invite d'autre part à des lectures multiples et croisées, où les caractères mêmes imposent leurs contraintes : lecture horizontale et verticale pour la couronne, lecture circulaire pour le cœur et pour le miroir. La lecture est une expérience totale et simultanée de l'espace du poème, des signes linguistiques, de leur rythme visuel et sonore, comme si le temps était saisi, dans son surgissement, au cœur et dans le miroir de la page.

La poésie moderne et contemporaine exploite toutes les virtualités de la page, en des expériences parfois extrêmes. La poésie lettriste d'Isidore

Isou est fondée sur l'affirmation d'un lien étroit entre le son, la lettre et la page. Quant à la poésie concrète ou « spatialiste », elle pousse à l'extrême la notion de représentation en définissant l'écriture du poème par la seule composition visuelle des différents éléments du langage, juxtaposant les lettres dans le seul souci de créer un rythme de la matière. Au-delà de ces expériences extrêmes mais nécessaires en ce qu'elles explorent les marges du genre poétique, la poésie contemporaine, en ne se fondant plus sur la mimésis*, met paradoxalement en scène, dans l'espace de la page, la construction de son sens ainsi que ses propres errances.

Mais la réflexion sur l'espace de la page peut conduire parfois à retrouver la nécessité d'une forme. Paul Claudel, méditant dans *Connaissance de l'Est* sur le « Caractère Chinois », découvre dans la graphie, et plus largement dans la typographie, un moyen pour l'écriture poétique de « refigurer » le sensible. Ainsi, alors même que le signe se fait, dans l'espace du poème, présence sensible, le sensible se déploie, dans l'espace du texte. Le poème, objet à la fois linguistique et iconique, figure, comme dans *Cent phrases pour un éventail*, des relations nouvelles où l'intégrité sémantique du mot est même contestée :

Fenêtre au lever du soleil
              qui s'o uvre dan
              s le bro uillard
              b l an c un pay
              s de braise et de
                            fe
                            u.

La disposition fragmentée du poème sur la page produit ainsi un rythme nouveau où les brisures et les blancs deviennent signifiants. Pierre Reverdy ou encore André du Bouchet exploitent dans une autre perspective cette virtualité du poème. Les blancs isolent les mots ou les groupes de mots, les mettant ainsi en valeur par un rythme particulier intégrant leur part de silence.

Exemple

Après *Dans la chaleur vacante* (Paris, Mercure de France, 1961), André du Bouchet cherche à saisir dans le mouvement même de la langue les relations que tissent le « je » et le réel. Ainsi, dans ce poème d'*Axiales* :

et
le jour
                            telle

une
férocité des étoiles
la ré-
incrustation de la neige
pour
peu qu'elle ait

fondu

cela broyant
là
        où cela
sitôt ne brille pas.

André du Bouchet, *Axiales*, Paris, Mercure de France, 1992.

La lecture de ce poème d'André du Bouchet est d'abord déroutante, en raison de cette syntaxe faite de ruptures et de brisures, commentée par Jean-Pierre Richard dans *Onze Études sur la poésie moderne*. L'absence de majuscule et la conjonction de coordination indiquent dès l'ouverture un discours poursuivi sur le mode de la rupture et de la discontinuité. Des énoncés brefs, correspondant à des unités de discours, occupent de manière concertée tout l'espace de la page, inscrivant l'errance d'une parole fragmentée et fragmentaire. La page crée un rythme dans lequel la durée des énoncés est menacée par le silence des blancs, origine, fin et principe de séparation.

Mais la fragmentation même des énoncés, les retours à la ligne n'ont pas tous la même signification. Ils ne portent pas tous le même poids de silence. Des espaces plus importants délimitent quatre moments, le plus bref étant réduit au participe « fondu », isolé dans sa brièveté, mimant l'effacement et l'évidement de la parole. Les ruptures sont signifiantes. L'outil de comparaison « telle » est mis à distance après un blanc, en bout de ligne, comme si le geste créateur (instaurant un rapport poétique et subjectif entre le jour et la « férocité d'étoiles ») était mis en scène et lui-même fragmenté. En revanche, le pronom adverbial relatif « où » prolonge, relie précisément l'énoncé rompu avec ce qui lui donne sens dans la dernière « strophe » du texte, ce qui « sitôt ne brille pas », la présence d'une négativité que ne peut résoudre le poème.

Ces choix rythmiques, où les blancs induisent autant de silences qui brisent la linéarité du discours, le pouvoir autrefois reconnu au poème de suggérer une continuité lyrique, narrative ou descriptive entre le sujet et le monde disparaissent, rendent la lecture du poème difficile. L'exploitation des ressources de la page n'est cependant en rien un geste gratuit mais, comme le rappelle Henri Meschonnic dans *Pour la poétique I* (Paris, Gallimard, 1970, p. 62), un geste créateur : « La visée d'une telle poétique est l'œuvre, dans ce que le langage a d'unique. C'est l'œuvre unité de vision syntagmatique et l'œuvre unité de diction rythmique et prosodique, système et créativité, objet et sujet, forme-sens, forme-histoire. » La mise en page définit le poème comme une partition dans les deux sens de ce terme, recherche d'un rythme et partage des unités du discours poétique vers la concentration, vers ce que le poème tente de saisir dans le rapport d'un sujet au réel et au langage.

EXERCICE

Étudiez la disposition sur la page de ce poème de Pierre Reverdy dans *Les Ardoises sur le toit* intitulé « Secret ».

a. Quels sont les choix stylistiques qui selon vous renforcent cette mise en page ?

b. En quoi sont-ils cohérents avec le sens et l'esthétique du poème ?

La cloche vide
Les oiseaux morts
Dans la maison où tout s'endort
Neuf heures
La terre se tient immobile
On dirait que quelqu'un soupire
Les arbres ont l'air de sourire
L'eau tremble au bout de chaque feuille
Un nuage traverse la nuit

Devant la porte un homme chante

La fenêtre s'ouvre sans bruit.

Pierre Reverdy, « Secret », *Les Ardoises sur le toit* (1918),
repris dans *Plupart du temps*, 1945.

CORRIGÉ : voir p. 114.

C. La nostalgie des formes

La poésie n'ignore pas les formes léguées par l'histoire du genre. Paul Valéry, alors même que le Surréalisme incarne la modernité poétique, choisit la forme du sonnet pour de nombreux poèmes de *Charmes* (1922). Mais si les poètes contemporains conservent sinon la structure du moins la référence à un modèle ancien, la réécriture s'éloigne des codes imposés par la forme. Ainsi Jules Laforgue à la fin du XIXe siècle, ou Boris Vian dans sa « Complainte du progrès », ajoutent à la tonalité pathétique de la complainte la distance de la dérision et de l'ironie. De même, les *Cinq Grandes Odes*, écrites par Claudel entre 1900 et 1907, ne conservent la structure de l'ode classique, et en particulier de l'ode pindarique*, que dans « La Muse et la grâce » où est célébrée, dans un dialogue du poète avec sa Muse, l'ivresse mystique de l'inspiration poétique. Cette quatrième ode reprend en effet le schéma de l'ode pindarique : trois séries de strophes et d'antistrophes sont suivies par une épode. Enfin, on a vu combien « La Voix » de Philippe Jaccottet, mais aussi d'autres poèmes de *L'Ignorant*, gardaient une nostalgie d'une forme hautement symbolique comme le sonnet.

Pour la modernité poétique, la forme est cependant d'abord perçue comme une contrainte. Inversé, parodié, comme dans « Sonnet avec la manière de s'en servir », le sonnet est pour Tristan Corbière la forme autour de laquelle s'opère, dans *Les Amours jaunes*, une déconstruction du langage poétique. Les écrivains de l'OuLiPo n'en retiennent, comme Raymond Queneau dans *Cent Mille Milliards de poèmes* ou Jacques Roubaud dans *Σ*, que le caractère ludique et la virtuosité formelle, signe d'une contestation mais aussi d'une « vitalité » (André Gendre, *Évolution du sonnet français*, Paris, PUF, 1996, p. 255). La recherche de rythmes nouveaux ne se conçoit plus dans le cadre de contraintes formelles trop rigides qui viendraient substituer un ordre illusoire au caractère informe du sujet, du langage et du monde. La crise du sujet, la part d'altérité qu'il révèle dans le langage poétique conduisent inévitablement à la tentation de refuser toute volonté d'organiser la construction du sens dans une forme contraignante, même si demeure cette nostalgie de pouvoir donner, dans l'espace du poème, forme à l'informe.

Exemple

L'écriture d'Yves Bonnefoy a d'abord été marquée par l'influence du Surréalisme. Cependant, comme de nombreux poètes contemporains, Yves Bonnefoy est revenu souvent, dans les évolutions de son œuvre, au désir d'une forme, qu'il s'agisse de formes brèves ou, comme dans ce poème de *Hier régnant désert* intitulé « Le Bel Été », du sonnet.

> Le feu hantait nos jours et les accomplissait,
> Son fer blessait le temps à chaque aube plus grise,
> Le vent heurtait la mort sur le toit de nos chambres,
> Le froid ne cessait pas d'environner nos cœurs.

Ce fut un bel été, fade, brisant et sombre,
Tu aimas la douceur de la pluie en été
Et tu aimas la mort qui dominait l'été
Du pavillon tremblant de ses ailes de cendre.

Cette année-là, tu vins à presque distinguer
Un signe toujours noir devant tes yeux porté
Par les pierres, les vents, les eaux et les feuillages.

Ainsi le soc déjà mordait la terre meuble
Et ton orgueil aima cette lumière neuve,
L'ivresse d'avoir peur sur la terre d'été.

Yves Bonnefoy, *Hier régnant désert*, Paris, Mercure de France, 1958.

Ce poème, qui évoque l'enfance dans la maison du Lot et la mort des grands-parents de Toirac (voir l'étude de l'insertion du narratif, pp. 19-20), se présente typographiquement comme un sonnet, même si le schéma des rimes ne semble pas d'abord apparent. Les finales sont en fait liées par une harmonie subtile d'assonances et de contre-assonances. Le poème reprend au sonnet sa forte organisation rhétorique : quatre phrases donnent à la strophe une unité syntaxique et sémantique encore soulignée par la répartition des formes verbales et de leurs valeurs temporelles : imparfait pour le premier quatrain, passé simple pour le second, retour du passé simple pour les trois premiers vers du sizain, imparfait pour les trois derniers vers. Le retournement est même souligné entre les quatrains et le sizain par le complément circonstanciel qui suggère l'irruption d'un événement de premier plan. Quant au dernier vers, il reprend l'ensemble des motifs dans un oxymore où l'ivresse apparaît comme le seul mode, paradoxal, où se donne la présence, le vrai lieu.

SYNTHÈSE

Le rôle prépondérant accordé au rythme, la distance prise avec les formes du genre, déterminent fortement les enjeux de la poésie moderne et contemporaine. L'individuation de la voix ouvre le poème au champ infini de la « poïésis* », à l'exploration des possibles du langage et parfois même de l'espace de la page, mais aussi aux vertiges de l'informe, d'un discours qui, rompant avec toute visée référentielle et avec l'histoire du genre s'inscrit délibérément dans les marges du poétique, dans une poésie des marges.
Ce qui fonde la modernité, c'est donc ce désir d'inventer de nouvelles formes, de créer une forme qui soit à la fois unique et nouvelle.

EXERCICE

En vous aidant des points abordés précédemment, étudiez l'originalité de ce poème de Tristan Corbière dans *Les Amours jaunes,* intitulé « Le Crapaud » et déterminez en quoi il est moderne. Vous montrerez que les choix stylistiques dominants s'accordent avec la forme et font de cette poésie une poésie des marges.

Un chant dans une nuit sans air…
La lune plaque en métal clair
Les découpures du vert sombre.

… Un chant ; comme un écho, tout vif
Enterré, là, sous le massif…
– Ça se tait : Viens, c'est là, dans l'ombre…

– Un crapaud ! – Pourquoi cette peur,
Près de moi, ton soldat fidèle !
Vois-le, poète tondu, sans aile,
Rossignol de la boue… – Horreur ! –
… Il chante. – Horreur ! – Horreur pourquoi ?
Vois-tu pas son œil de lumière…
Non : il s'en va, froid, sous la pierre.
………………………………………………………
Bonsoir – ce crapaud-là, c'est moi.

(Le soir, 20 juillet)

Tristan Corbière, *Les Amours jaunes,* 1874.

CORRIGÉ : voir p. 115.

3. Du sens à la signifiance

A. La logique du signifiant

La poésie contemporaine se définit en rupture avec une conception mimétique du genre. Pour Platon, le langage poétique a le pouvoir d'imiter ce qu'il nomme ou d'imiter le sens signifié par le mot. Dans le *Cratyle,* Socrate et le sophiste grec qui donne son nom au dialogue débattent de la nature du lien entre les mots et les choses, le signe linguistique que Saussure définira dans son *Cours de linguistique générale* (1916) comme une relation arbitraire entre signifié, signifiant et référent. Le signe linguistique n'a pas été créé à la ressemblance de la chose qu'il évoque et le signifiant évoque un signifié et un référent, réel ou imaginaire, auquel le mot renvoie.

Pour la poésie moderne et contemporaine, les mots ne sont plus simplement des signes, articulant le signifiant et le signifié et renvoyant à un référent : ils sont aussi des choses et font du langage une matière qui peut produire du sens. La fonction* poétique du langage, telle que la définit Roman Jakobson dans *Essais de linguistique générale*, tend à prendre plus d'importance que la fonction référentielle. L'exploration des possibles du langage est l'objet de l'écriture du poème. Au-delà du signifié*, c'est la matérialité du signifiant*, sa réalité graphique (graphèmes*) et sa réalité phonique (phonèmes*) que la poésie exploite pour atteindre un sens inaperçu.

Dans *Cent Phrases pour un éventail*, Paul Claudel explique la fascination qu'exercent sur lui les idéogrammes chinois au point de les transposer à la graphie occidentale :

> O suivant sa fonction avec les autres traits alphabétiques, peut être le soleil, la lune, une roue, une poulie, une bouche ouverte, un lac, un trou, une île, zéro, – la fonction de tout cela. I peut être un dard, l'index tendu, un arbre, une colonne, une exclamation, l'affirmation de la personne et de l'unité. M est la mer, la montagne, la main, la mesure, l'âme, l'identité. Et si de toutes ces boucles et barres ajoutées nous formons un mot, quel idéogramme plus parfait que cœur, œil, sœur, même, soi, rêve, pied, toit, etc. ?

Les poèmes de *Stèles* ont aussi pour origine la rêverie de Segalen sur les idéogrammes chinois. Le poème de Francis Ponge intitulé « 14 juillet » est écrit à partir de la graphie du titre. La logique du signifiant trouve son expression la plus manifeste dans les pouvoirs que le Surréalisme donne à la dictée de l'inconscient et à l'écriture automatique. *Les Champs magnétiques* sont écrits conjointement en 1920 en une semaine, et sans aucune relecture qui viendrait altérer le surgissement d'un sens nouveau.

Entre les mots et les choses, le poète établit des rapports encore inaperçus, interrogeant à la fois la relation signifiant-signifié et celle qui unit arbitrairement le signe linguistique à son référent*. À la notion de « sens », la poésie contemporaine substitue celle de « signifiance » : « Dans le discours, écrit Henri Meschonnic, il y a toute cette rythmique et cette prosodie qu'en tant que matière du sens j'appelle la signifiance. Une organisation, une diffusion d'effets à l'état indéfiniment naissant. Autre chose que le sens lexical des mots, ou leur signification en situation pour un émetteur et un destinataire. Mais ce qui les porte, les traverse, les joint et les disjoint, les englobe. » (*La Rime et la vie*, Paris, Verdier, 1989, pp. 49-50).

La poésie contemporaine est ainsi une transgression de la construction ordinaire du sens, et notamment de l'arbitraire du signe et du principe de la linéarité syntagmatique.

Exemple

Le poème intitulé « L'Huître », dans *Le Parti pris des choses* de Francis Ponge, repose sur une exploitation complexe des pouvoirs du signifiant.

> L'huître, de la grosseur d'un galet moyen, est d'une apparence plus rugueuse, d'une couleur moins unie, brillament blanchâtre. C'est un monde opiniâtrement clos. Pourtant on peut l'ouvrir : il faut alors la tenir au creux d'un torchon, se servir d'un couteau ébréché et peu franc, s'y reprendre à plusieurs fois. Les doigts curieux s'y coupent, s'y cassent les ongles : c'est un travail grossier. Les coups qu'on lui porte marquent son enveloppe de ronds blancs, d'une sorte de halos.
>
> À l'intérieur l'on trouve tout un monde, à boire et à manger : sous un *firmament* (à proprement parler) de nacre, les cieux d'en dessus s'affaissent sur les cieux d'en dessous, pour ne plus former qu'une mare, un sachet visqueux et verdâtre, qui flue et reflue à l'odeur et à la vue, frangé d'une dentelle noirâtre sur les bords.
>
> Parfois très rare une formule perle à leur gosier de nacre, d'où l'on trouve aussitôt à s'orner.

L'accent circonflexe porté par le mot « huître » suggère un autre signifiant : « huis-tre ». Jouant sur cette fausse étymologie, procédé qu'affectionne Francis Ponge, le poème développe toutes les virtualités du titre : multiplication des mots portant l'accent circonflexe et les finales phonétiquement proches de celles de « l'huître » (« blanchâtre », « opiniâtrement », « verdâtre », « noirâtre »), récurrence de termes jouant sur les sèmes de l'ouverture et de la fermeture (l'huis).

Le poème se présente moins comme une nouvelle représentation de l'huître, une nouvelle variation mimétique rappelant d'autres textes, de Rémi Belleau à La Fontaine, en passant par les poèmes burlesques du XVIIe siècle, que comme une rêverie cratylienne sur le signifiant où s'affirment des rapports nouveaux entre le sujet, le langage et l'objet.

Cette exploration des pouvoirs du signifiant débouche parfois sur des expériences limites que l'on ne saurait exclure pourtant du champ de la modernité. Le mouvement lettriste, créé en 1945 par Isidore Isou, reprend les recherches conduites par les poètes dadaïstes et futuristes en donnant la primauté absolue au phonème au détriment de l'intégrité du mot. Pour

Denis Roche, il s'agit, comme il l'écrit dans *Le Mécrit* (Paris, Seuil, 1972), de « ramener la production poétique vers son point de plus extrême méculture, le point zéro, à l'évidence, de la poéticité » :

> Et dire encore que c&est beau 1&épaule le porc
> L&enflant étroit camion de mon délire je l'ai bue
> Je les pré& je les fenêtres et voici leurs cils errants son R
> Ce& cette caoutchouc de village (...)

Dans ce texte de Denis Roche, l'atteinte portée à l'intégrité du mot est revendiquée comme un geste subversif.

Ces expériences extrêmes, même si elles se situent aux marges du genre poétique, révèlent cependant le lien étroit entre le rythme des phonèmes* et l'inscription du sujet dans le langage poétique.

Exemple

Henri Michaux voit dans la poésie l'exploration d'une intériorité qu'il s'agit de mettre à nu. La poésie est, pour reprendre le titre de l'un de ses recueils, « connaissance par les gouffres ». Dans *Lointain intérieur*, le poème intitulé « Dans la nuit » insuffle, dans la pulsation des phonèmes, un rythme intérieur qui est aussi le rythme d'un sujet inscrit dans la chair phonétique des mots :

> Nuit
> Nuit de naissance
> Qui m'emplit de mon cri
> Toi qui m'envahis
> Qui fais houle houle
> Qui fais houle tout autour
> et fumes, es fort dense
> Et mugis
> Es la nuit

Henri Michaux, « Dans la nuit », *Lointain intérieur*, 1938.

Le poème progresse par le rythme des phonèmes* [u] et [i] qui engendrent progressivement un sens, l'angoisse d'un cri d'effroi (« houle houle »), la vision d'une force monstrueuse, qui mugit, dont le retour obsédant est aussi le signe d'un envahissement qui submerge le sujet. Le langage poétique est une remontée, une anamnèse : il tend vers un « infra-langage » qui révèle un « infra-sujet », c'est-à-dire sa part la plus obscure, la plus inconsciente, la plus effrayante aussi.

B. *Un sens autre : la remotivation du langage*

Le sens se construit donc souvent, dans la poésie contemporaine, par la dissémination des phonèmes*. De la désagrégation de la logique des signifiés* naît ainsi un sens autre où les mots et les choses sont confondus dans la même littérarité. La logique du signifiant* est avant tout l'attention à un sens nouveau qui naîtrait des propriétés poétiques et signifiantes des mots.

Ce surgissement du sens n'est ignoré ni de la poésie antique, ni de la poésie renaissante qui accordait une place particulière à l'anagramme et à la rêverie sur le nom. La rime équivoquée*, présente dans les poèmes des troubadours, de Rutebeuf, de Villon et des « Grands Rhétoriqueurs » au XVIe siècle, est précisément réactualisée dans la poésie contemporaine parce qu'elle associe rime et calembour, contrainte formelle et liberté du jeu de mots.

Au-delà de la rime, la logique du signifiant est perceptible dans certaines figures que privilégie la poésie contemporaine : fausses étymologies, paronomases*. Ainsi, dans *Vents* de Saint-John Perse, la paronomase qui rapproche les « voiles déliées » et « la grande aube délienne » suggère une pseudo-étymologie à partir du motif de la libération apollinienne. Ces figures, nombreuses dans la poésie de Saint-John Perse, ont en commun de suggérer des rapports sémantiques nouveaux à partir du rapprochement des phonèmes*, de favoriser la création d'un sens nouveau par la logique du signifiant*.

Exemple

René Char donne pour titre à un poème de « Sept saisis par l'hiver » dans *Chants de la Balandrane* un nom qui est aussi une énigme, « Verrine ».

Le printemps prétendant porte des verres bleus et, de haut, regarde l'hiver aux yeux terre de Sienne. Se lever matin pour les surprendre ensemble ! Je rends compte ici de ma fraîche surprise. Trois villages dans la brume au premier pli du jour. Le Ventoux ne tarderait pas à écarter le soleil du berceau gigantesque où trois de ses enfants dorment emmaillotés de tuiles ; soleil qui l'avait désigné souverain en s'élevant à l'est, riverain en le baignant encore avant de disparaître. Au clocher de l'église fourbue, l'heure enfonçait son clou, valet dont nul ne voulait plus.

René Char, *Chants de la Balandrane*, 1975-1977.

Le sens du mot « verrine » renvoie soit à une lampe de timonerie, soit à l'enveloppe qui protège une lampe. Mais l'ouverture (les « verres bleus ») et la clôture du poème (le « clocher de l'église fourbue ») réactivent le sens ancien où « verrine » désigne le verre que l'on employait dans la fabrication des vitraux. Ces deux sens du titre reprennent une thématique majeure de ce recueil qui oppose à un présent défiguré par une modernité destructrice un temps originel où la parole avait encore pouvoir et prise sur le monde.

Le titre suggère également, par la paronomase*, une fausse étymologie implicite que la logique du signifiant va ensuite développer dans le poème. Cette « pseudo-étymologie » associe autour d'une même origine « verrine » et le mot latin « ver », qui signifie « printemps ». Elle donne ensuite cohérence au poème en développant cette chaîne de signifiance qui ouvre à un sens nouveau. La paronomase et les reprises phoniques associent les « verres bleus », « l'hiver aux yeux terre de Sienne », le « berceau gigantesque ». La renaissance apportée par le printemps est développée par la métaphore du « berceau souverain où trois de ses enfants dorment emmaillotés de tuiles », éclat éphémère d'un printemps « prétendant » et condamné à la fulguration de la verrine.

C'est parfois l'intégrité même du mot qui est remise en question par la poésie contemporaine. Ainsi, le mot n'est plus perçu comme une unité sémantique minimale et insécable, mais comme un ensemble instable de phonèmes et de graphèmes dont le poème peut libérer l'énergie signifiante. Au même titre que les choses ou que le sujet, le langage porte en lui une certaine opacité. Pour la poésie moderne, il s'agit de retrouver un sens par une remotivation du langage poétique, par une déconstruction profonde de ses stéréotypes.

Exemple

Le poème intitulé « L'Amiral », dans *Paroles* de Jacques Prévert, doit aussi son titre à un jeu sur le signifiant.

L'Amiral Larima
Larima quoi
la rime à rien
l'amiral Larima
l'amiral Rien.

Jacques Prévert, *Paroles*, 1945.

La logique qui préside à la construction du sens est une logique qui repose sur les possibles du signifiant*. Le titre du poème est aussi un titre dans la hiérarchie militaire et indique bien que le sens dans le poème se construit par le jeu sur les mots. Le nom propre de l'amiral est en effet formé par une anagramme* inversée. Privé de référent, comme d'ailleurs le poème qui n'est pas mimétique, il ne désigne personne mais signifie dans cette logique anagrammatique. Le lecteur peut lire, dans ce jeu, la contestation d'un ordre établi, celui qui fait que l'on existe de manière illusoire en fonction de son titre. Le nom propre suggère alors le verbe « arrimer » au passé simple et le troisième vers peut se lire soit comme une interrogation sur le nom propre, soit comme une question que l'on pourrait formuler ainsi : « Il arrima quoi ? ». Une troisième interprétation (« La rime à quoi ») engendre alors le troisième vers où le mot « rien » apparaît comme une nécessité sémantique (le poème ne renvoie à rien), syntaxique (il est la réponse au vers précédent) et métrique (il apparaît de manière logique à la rime). Ce statut particulier explique qu'il soit désigné par la majuscule comme l'équivalent du nom propre « Larima » au dernier vers.

Le poème est donc engendré par un mot considéré non pas du point de vue du signifié* ou de la relation que le signe entretient avec un référent*, mais dans les virtualités offertes par la logique du signifiant*. Le sens naît alors, imprévu, de cette création par l'« envers du langage ».

SYNTHÈSE

La crise du sujet est indissociable d'une crise du langage qui établit la poésie contemporaine sur un paradoxe. Privé de la transparence, ou du moins de la cohérence que le sujet peut donner au langage et au monde, le poème doit créer, dans et par le langage, une figuration de ce qui échappe aussi bien au sujet, au langage, et au monde.
Le rythme compris comme inscription du sujet dans le langage, la contestation des formes du genre, la logique du signifiant sont autant d'éléments qui définissent la poésie contemporaine comme « poiésis », comme création d'une forme et d'un sens dans le désaisissement même du langage. C'est dans ce refus d'un usage illusoire du langage que la poésie contemporaine recherche de manière paradoxale à figurer ce qui échappe au poétique.

EXERCICE

« Le cageot » est situé, dans *Le Parti pris des choses* (1942), entre « Les mûres » et « La bougie ». Vous montrerez comment la création analogique et le travail sur le signifiant* sont les instruments d'une remotivation du langage.

À mi-chemin de la cage au cachot la langue française a cageot, simple caissette à claire-voie vouée au transport de ces fruits qui de la moindre suffocation font à coup sûr une maladie.

Agencé de façon qu'au terme de son usage il puisse être brisé sans efort, il ne sert pas deux fois. Ainsi dure-t-il moins encore que les denrées fondantes ou nuageuses qu'il enferme.

À tous les coins de rues qui aboutissent aux halles, il luit alors de l'éclat sans vanité du bois blanc. Tout neuf encore, et légèrement ahuri d'être dans une pose maladroite à la voirie jeté sans retour, cet objet est en somme des plus sympathiques, – sur le sort duquel il convient toutefois de ne s'appesantir longuement.

Francis Ponge, *Le Parti pris des choses*, 1942.

CORRIGÉ : voir p. 115.

III
La crise de la représentation et la figuration du réel

1. L'image et la construction du sens

L'image occupe dans la poésie contemporaine la place qui était celle du vers dans la poésie classique. Cette notion très floue n'est d'ailleurs pas strictement linguistique ou poétique. Elle appartient aux arts qui mettent en jeu la représentation. Elle excède donc les définitions que la rhétorique donne de la métaphore ou de la comparaison.

La poésie contemporaine substitue ainsi à la conception d'un genre codifié, obéissant à des règles, une conception autre où l'imagination et la vision subjective deviennent essentielles. La poésie n'est plus mimésis* mais poiésis*. Le réel n'est plus dévoilé dans un rapport de transparence ; il est créé par la « sorcellerie évocatoire » du poème. La crise du sujet, la mise en question des pouvoirs du langage font de la référence* un monde évoqué, convoqué dans et par l'écriture poétique, entre présence et absence. Les mots ne désignent plus simplement les choses.

L'image, dans la poésie contemporaine, donne à voir alors qu'elle ne représente plus nécessairement. Elle est ainsi une autre manière de construire le sens et de définir le poème.

A. *Image et figures*

L'image regroupe un certain nombre de figures qui ont en commun de rapprocher un comparé* (ou thème) et un comparant* (ou phore) par une relation de ressemblance et d'analogie. Le motif* associe les sèmes* communs au comparé et au comparant. Il donne à l'image sa cohérence logique et permet son interprétation. La stylistique donne à ces figures, qui reposent sur des détournements et des transferts de sens, le nom de tropes*. Les trois tropes principaux sont la synecdoque*, la métonymie* et la métaphore*. On considère la comparaison comme une figure associée à la métaphore. Catherine Fromilhague le rappelle dans *Les Figures de style* (Paris, Nathan, 1995, p. 74) : « Là où la comparaison établit entre comparé et comparant un lien de ressemblance vérifiable – ou donné comme tel –, la métaphore établit un lien d'analogie symbolique. » La métonymie et la synecdoque se définissent essentiellement par des relations de contiguïté logique.

Sur le plan sémantique, l'image, qui induit des ruptures d'isotopie, opère un redécoupage du réel. La métaphore et la comparaison, en rapprochant des réalités selon une relation qui n'est pas ordinaire, sont au cœur de la réflexion moderne sur l'image poétique et sur la redéfinition du genre.

Exemple

La stylistique donne une définition très précise des tropes* et du trope associé qu'est la comparaison*. Mais la lecture d'un poème contemporain est souvent rendue difficile en raison du regard que les poètes portent sur l'image. La mise en rapport permet en effet de brouiller la distinction entre comparé* et comparant*, de suggérer un échange, une circulation du sens.

Dans «A***» (*Recherche de la base et du sommet, À une sérénité crispée*), René Char semble évoquer sur le mode lyrique l'intimité d'une relation amoureuse :

> Tu es mon amour depuis tant d'années,
> Mon vertige devant tant d'attente,
> Que rien ne peut vieillir, froidir;
> Même ce qui attendait notre mort,
> Ou lentement sut nous combattre,
> Même ce qui nous était étranger,
> Et mes éclipses et mes retours.
>
> Fermée comme un volet de buis,
> Une extrême chance compacte
> Est notre chaîne de montagnes,
> Notre comprimante splendeur.
>
> Je dis chance, ô ma martelée;
> Chacun de nous peut recevoir
> La part de mystère de l'autre
> Sans en répandre le secret;
> Et la douleur qui vient d'ailleurs
> Trouve enfin sa séparation
> Dans la chair de notre unité,
> Trouve enfin sa route solaire
> Au centre de notre nuée
> Qu'elle déchire et recommence.
>
> Je dis chance comme je le sens.
> Tu as élevé le sommet
> Que devra franchir mon attente
> Quand demain disparaîtra.

On peut relever dans ce poème un certain nombre d'images :
– des métaphores qui ont en commun de présenter le comparé et le comparant, le thème et le phore, dans des constructions syntaxiques différentes (attribution, apposition, complément déterminatif introduit par

la préposition « de »). Ce sont des métaphores* *in praesentia* : « Tu es (...) mon vertige » (relation attributive), « Une extrême chance compacte/Est notre chaîne de montagnes,/ Notre comprimante splendeur. » (relation attributive et apposition), « la chair de notre unité » (complément déterminatif introduit par la préposition « de »). L'image ne dévoile cependant pas le motif de la mise en rapport.

– des métaphores qui, en n'exprimant que le comparé ou le comparant, n'indiquent pas explicitement la ressemblance entre les réalités rapprochées. Ce sont des métaphores* *in absentia* : « Une extrême chance compacte/(...) Notre comprimante splendeur » (métaphores adjectivales), « Je dis chance, ô ma martelée » (métaphore nominale), « Qu'elle déchire et recommence/(...) Tu as élevé le sommet/Que devra franchir mon attente » (métaphores verbales). L'image est plus difficile à élucider et le lecteur doit lui-même saisir la nature de la mise en rapport entre comparé et comparant.

– un trope associé, la comparaison* dont le comparé (« comme un volet de buis ») semble orienter le sens de la seconde strophe du poème. La comparaison manifeste le rapprochement entre comparé et comparant en signalant explicitement le motif (« fermée ») et l'outil de comparaison.

La densité du réseau des images rend difficile l'interprétation du poème. La seconde strophe repose entièrement sur des effets de brouillage qui rompent soudain le sens que le lecteur croyait pouvoir construire. En effet, les relations établies sur le plan sémantique sont extrêmement complexes. La structure d'ensemble ouvre et ferme la strophe sur deux appositions (« Fermée comme un volet de buis » ; « Notre comprimante splendeur ») qui peuvent toutes deux se relier soit à « Une extrême chance compacte », soit à « Notre chaîne de montagnes ». La première apposition est un participe en emploi adjectival qui constitue le motif d'une comparaison dont le comparé peut être l'un des deux éléments de la relation attributive. Ce motif de la fermeture fonctionne de toute évidence comme un élément de cohérence sémantique reliant le « volet de buis », la « chance compacte », « Notre chaîne de montagnes », « Notre comprimante splendeur ». La densité du réseau métaphorique est encore renforcée par les métaphores adjectivales, « Une extrême chance compacte » et « Notre comprimante splendeur » (métaphores* *in absentia*), et par l'ambiguïté de la relation attributive (métaphore* *in praesentia*) dont les deux éléments peuvent être simultanément comparé et comparant.

Le lecteur est invité à saisir un sens qui se construit dans la circulation des motifs et qui toujours lui échappe, le poème préservant, dans le dévoilement même de son sens, une part irréductible d'opacité. Une subjectivité est suggérée sans que le lecteur puisse cependant donner un visage à la voix du poème et à l'être aimé. Ainsi, dans la métaphore adjectivale « notre comprimante splendeur », l'antéposition de l'adjectif souligne son sens figuré tout en suggérant une affectivité. De même, le participe substantivé qui est au centre de l'apostrophe lyrique « ô ma martelée » évoque la femme aimée qui est aussi le destinataire mystérieux du poème « A*** ». La métaphore nominale, en effaçant le comparé et le motif, opère une recatégorisation complexe du référent* où le sens est à la fois voilé et dévoilé. La première strophe, où le poète suggère la présence de la mort et du combat, invite à déchiffrer l'image à partir du sens du verbe « marteler » (« se soumettre à des épreuves difficiles et répétées ») et à voir, dans le redoublement phonique, une figuration de ces épreuves.

Ce qui déconcerte le lecteur, c'est le brouillage de l'évocation lyrique et d'une thématique attendue. L'identification et la permanence des référents ne sont plus clairement élucidées. Les images, loin de construire une représentation de la voix du poème ou de l'être aimé, alors même que les marques de première et de deuxième personne sont très nombreuses, favorisent les décalages sémantiques pour suggérer un sens autre, à partir des isotopies* de l'amour et de la mort, de l'union et de la séparation, du temps et du surgissement.

EXERCICE

La même tension entre voilement et dévoilement apparaît dans de nombreux poèmes lyriques de René Char. Dans « Fastes », étudiez les images : en quoi la densité du réseau des images suggère-t-elle une sympathie, une fusion entre les êtres, les mots et les choses ?

> L'été chantait sur son roc préféré quand tu m'es apparue, l'été chantait à l'écart de nous qui étions silence, sympathie, liberté triste, mer plus encore que la mer dont la longue pelle bleue s'amusait à nos pieds.
> L'été chantait et ton cœur nageait loin de lui. Je baisais ton courage, entendais ton désarroi. Route par l'absolu des vagues vers ces hauts pics d'écume où croisent des vertus meurtrières pour les mains qui portent nos maisons. Nous n'étions pas crédules. Nous étions entourés.
> Les ans passèrent. Les orages moururent. Le monde s'en alla. J'avais mal de sentir que ton cœur justement ne m'apercevait plus. Je t'aimais. En mon absence de visage et mon vide de bonheur. Je t'aimais, changeant en tout, fidèle à toi.

René Char, *Fureur et mystère*, « La Fontaine narrative », 1947.

CORRIGÉ : voir p. 116.

B. Image et figuration du sujet

L'image donne à voir. Elle figure souvent des rapprochements inédits. Dans la mesure où elle suggère un lien inattendu entre un comparé et un comparant, des rapports nouveaux entre les mots et les choses, elle est aussi, dans la poésie contemporaine, la figuration d'une subjectivité énonciative. Elle efface les frontières établies entre les catégories sémantiques et référentielles et dévoile ainsi un imaginaire. Ainsi, paradoxalement, le caractère illogique de l'image « dé-figure » le réel mais « figure », par son expressivité, la présence d'un sujet.

Exemple

L'approche du lieu est, dans « Le Règne minéral » de Jacques Dupin, placée sous le signe d'une inquiétude, d'une menace qui semble peser sur le « je ». L'image est cependant, dans sa violence, dans la « dé-figuration » du réel, le moment où se dévoile la présence d'un sujet.

> Dans ce pays la foudre fait germer la pierre.
>
> Sur les pitons qui commandent les gorges
> Des tours ruinées se dressent
> Comme autant de torches mentales actives
> Qui raniment les nuits de grand vent
> L'instinct de mort dans le sang du carrier.
>
> Toutes les veines du granit
> Vont se dénouer dans ses yeux.
>
> Le feu jamais ne guérira de nous,
> Le feu qui parle notre langue.

Jacques Dupin, *Gravir*, « Le Règne minéral », 1963.

Le « je » semble physiquement absent et comme absorbé par le « règne minéral ». Nul effet de sujet. Seul le déterminant démonstratif à valeur déictique suggère la relation d'un être à un lieu qui reste voilé au lecteur, comme s'il appartenait finalement au poème de faire surgir la réalité de l'espace, comme « la foudre fait germer la pierre ». L'espace n'existe que dans une verticalité qui semble un obstacle infranchissable et qu'il s'agit pourtant, sinon de franchir, du moins de « gravir ».

Les métaphores, les comparaisons, la caractérisation des différents éléments sont également en rupture avec toute représentation objective du réel : germination paradoxale du minéral sous l'effet du feu de la foudre, mouvement paradoxal des « tours ruinées » sous l'effet du même élément (« Des tours ruinées se dressent/Comme autant de torches mentales actives »), passage par la comparaison d'un élément extérieur à une intériorité marquée par la même tension entre vie et mort (« Des tours ruinées se dressent/Comme autant de torches mentales actives/Qui raniment les nuits de grand vent/L'instinct de mort dans le sang du carrier »).

Si la forme du poème demeure celle de vers libres se détachant sur la page, le lien entre le sujet et l'objet semble échapper aux catégories traditionnelles de l'intériorité et de l'extériorité, comme si, dans l'espace du poème, le langage était le lieu à la fois d'une destruction et d'une continuité autre entre la germination de la pierre et « le sang du carrier », quand « Toutes les veines du granit/Vont se dénouer dans ses yeux ». Cette langue qui nous est commune est aussi celle du feu en ce qu'elle est ce qui consume et ce qui fonde le réel dans la tension du poème. À un rythme et à une syntaxe fragmentée qui disent cet éclat, cette destruction du réel et du sujet, répond un écoulement sonore qui assure une continuité créatrice, par le jeu des assonances et des allitérations : « foudre / germer / pierre / gorges / tours / torches / mort », « vent /sang / veine, « yeux / feu ». L'inversion des sonorités opère un retournement du sens (« tours ruinées »/ « raniment les nuits »), alors même que la polysémie associe les différents règnes (« veines du granit »).

Le « je » poétique se définit dans cette logique de l'éclat, dans cet écart destructeur et fondateur entre le langage et le réel, auquel correspond également l'héraclitéisme qui nourrit les images et l'éclatement de la phrase et du poème dans l'espace de la page : « Expérience sans mesure, inexpiable, la poésie ne comble pas mais au contraire approfondit toujours davantage le manque et le tourment qui la suscitent », écrit Jacques Dupin dans « Moraines » (*L'Embrasure*, 1969).

SYNTHÈSE

L'image, dans la poésie moderne et contemporaine, est un critère essentiel de définition du genre, une ligne de partage qui définit des poétiques originales. Elle ouvre le poème à l'inconscient et à l'imaginaire, à une vision subjective des rapports entre le langage et le monde.

Elle libère le langage de la représentation des choses : elle est une autre manière de construire le sens et de définir le poème. Elle est l'affirmation d'un pouvoir, celui de donner à voir, de transfigurer le réel, de figurer, par des rapports nouveaux entre les mots et les choses, une subjectivité, une originalité, un imaginaire.
Elle est de plus le signe d'une perte et d'une inquiétude, d'un réel qui ne se dévoile plus nécessairement dans un rapport de transparence. La crise du sujet, la mise en question des pouvoirs du langage font de la référence un monde évoqué, convoqué dans et par l'image poétique, entre présence et absence.

EXERCICE 1

Étudiez le jeu des images dans ce poème de Michel Leiris : dans quelle mesure figure-t-il les pouvoirs du sujet ?

Mon cœur est l'arc et le ciel et la corde
d'où s'envola comme un rire la flèche
la flèche oiseau qui s'est rivée au cœur
au cœur de l'arbre enchevêtré d'oiseaux.

Michel Leiris, *Autres lancers*, « Blason ».

CORRIGÉ : voir p. 117.

EXERCICE 2

Étudiez les images dans ce poème de Bernard Vargaftig.

a. Dans quelle mesure l'image permet-elle de figurer un sujet ?

b. En quoi les images suggèrent-elles un autre rapport entre les mots et les choses ?

Le bord d'une route
Un feuillage plus tard
Les hirondelles
Et aucune montagne

Rien rien l'horizon
Dont l'enfance approche
Le ciel crissait
Les pommiers endormis

Quelques mots comme
Les pierres se découvrent

La suite
Est toujours oubliée

Tellement vive
Tellement où le vent
Saisit les genêts
Sans cesser de courir

Bernard Vargaftig, *Où vitesse*, Paris, André Dimanche, 1991.

CORRIGÉ : voir p. 117.

2. Pouvoirs et vertiges de l'image

A. Un mode poétique d'appréhension du sensible : la fonction herméneutique de l'image

Dans la *Poétique* d'Aristote, la mise en rapport que permettent les tropes, et notamment la métaphore si elle peut paraître enfreindre la logique de la représentation, a pour objet de dévoiler des ressemblances déjà présentes dans l'ordre du sensible ou de l'intelligible. Les poétiques classiques de l'image exigent que l'écart entre le comparé et le comparant soit réduit, que le motif du rapprochement soit cohérent, favorisant ainsi la lisibilité de la figure.

Dans la poésie contemporaine, l'image n'a plus nécessairement une fonction ornementale ou didactique. Elle donne à voir un monde autre. Elle devient un mode poétique d'appréhension du sensible. Elle a ainsi une fonction herméneutique de déchiffrement du monde. La poésie contemporaine tente en effet de saisir des rapports qui échappent à une lecture mimétique* du réel. Une belle métaphore, dans la poésie classique, exigeait que le rapport entre le comparé et le comparant fût intelligible. Dans la poésie contemporaine, le rapport s'inverse. Pour Reverdy, la « puissance émotive » et la « réalité poétique » de la métaphore dépendent d'un écart signifiant entre le comparé* et le comparant* : « L'image est une création pure de l'esprit. Elle ne peut naître d'une comparaison mais du rapprochement de deux réalités plus ou moins éloignées. Plus les rapports des deux réalités seront lointains et justes, plus l'image sera forte – plus elle aura de puissance émotive et de réalité poétique. » (Pierre Reverdy, *Le Gant de crin*)

La poésie contemporaine tend à privilégier les images qui suggèrent le surgissement d'un sens nouveau. L'image se distingue par son originalité, par sa capacité à inviter le lecteur à un déchiffrement du réel, par le rapprochement de réalités éloignées et parfois antithétiques. Le lecteur doit saisir l'invisible architecture de l'image, en déchiffrer les analogies pour accéder à un sens « méta-phorique » et « méta-physique ». L'obscurité de certains textes de la poésie contemporaine tient précisément au fait que le poète exige du lecteur qu'il déchiffre des rapports figurés entre les choses, qu'il franchisse les apparences pour atteindre à un imaginaire, une transcendance ou une surréalité. Le lecteur, à l'image du poète, se doit d'être herméneute*.

Exemples

Voici deux poèmes qui évoquent les vents. Le sonnet de Laurent Drelincourt, intitulé « Sur les vents », est un poème baroque où se dit l'inconstance des êtres et des choses. *Vents* de Saint-John Perse est une longue épopée où le souffle du verset transfigure la poésie des éléments en une évocation du Nouveau Monde.

Sur les vents
Voix sans poumons, Corps invisibles,
Lutins volants, Char des Oiseaux,
Vieux courriers, Postillons nouveaux,
Sur Terre, et sur Mer, si sensibles;

Doux médecins, Bourreaux terribles,
Maîtres de l'Air, Tyrans des Eaux,
Qui rendez aux craintifs Vaisseaux
Les Ondes fières ou paisibles;

Vents, qui dans un cours inconstant,
Naissez et mourez, chaque instant,
Mes jours ne sont qu'un vent qui passe;

Mon cœur fait naufrage en la Mort :
Mais Dieu, du Souffle de sa Grâce,
Pousse mon Âme dans le Port.

Laurent Drelincourt, *Sonnets chrétiens sur divers sujets*,
livre I, « Sur la Nature et son Auteur », XXIV, Niort, 1677.

… De hautes pierres dans le vent occuperaient encore mon silence. – Les migrations d'oiseaux s'en sont allées par le travers du Siècle, tirant à d'autres cycles leurs grands triangles disloqués. Et c'est milliers de verstes à leur guise, dans la dérivation du ciel en fuite comme une dérivation de banquises.

Aller! où vont toutes bêtes déliées, dans un très grand tourment de l'aile et de la corne... Aller! où vont les cygnes violents, aux yeux de femmes et de murènes...
Plus bas, plus bas, où les vents tièdes essaiment, à longues tresses, au fil des mousses aériennes... Et l'aile en chasse par le monde fouette une somme plus mobile dans de larges mailles et plus lâches...

Je te connais, ô Sud pareil au lit des fleuves infatués, et l'impatience de ta vigne au flanc des vierges cariées. On ne fréquente pas sans s'infecter la couche du divin ; et ton ciel est pareil à la colère poétique, dans les délices et l'ordure de la création.

Je sais qu'au fond des golfes assouvis, comme des fins d'Empires, la charge mâle du désir fait osciller la table des eaux libres.

Et j'abîmerai ma face de plaisir dans ces dénivellements plus vastes qu'il n'en règne aux rampes vertes des rapides – lividités en marche vers l'abîme et ses torsions d'aloès...

Saint-John Perse, *Vents II,* 3, 1946.

Ces deux poèmes fondent leurs réseaux d'images sur les associations et sur les analogies. Dans la forme très dense du sonnet, et plus particulièrement dans les deux quatrains, Drelincourt juxtapose une série d'images qui toutes se rapportent à l'évocation des vents. Cette structure, qui favorise par ailleurs l'antéposition du comparant et du comparé, est celle de l'ikon* : l'effacement du comparé derrière la succession des comparants voile et dévoile un réel difficile à saisir. Le motif en effet reste obscur ; l'apparition du comparé est différée, et dans la juxtaposition des métaphores* *in praesentia* reposant sur des appositions, chaque comparant du comparé « souche » (les vents) devient à son tour le comparé de la métaphore introduite par l'apposition suivante. Dans le sonnet de Drelincourt, le réseau des images est en accord avec la structure d'un univers. Toutes prennent sens à partir d'un point central : les vents figurant l'inconstance des êtres et des choses : « Mes jours ne sont qu'un vent qui passe ». L'image révèle, à la manière de l'emblème, un sens occulté et fuyant du réel.

Dans *Vents,* le réseau des images déploie des alliances déroutantes, multiplie les conjonctions oxymoriques, mais le référent* ne se laisse pas immédiatement saisir. En effet, l'évocation initiale des vents est à l'origine d'un réseau plus large figurant le mouvement du départ. Les synecdoques* de « l'aile » et de la « corne » évoquent les migrations des oiseaux et des troupeaux, mais aussi, implicitement, celles des colons.

Les images sont à l'origine d'un mouvement qui se propage à d'autres éléments du poème : les infinitifs à valeur exhortative (« Aller ! »), les allitérations* en liquides qui semblent déterminer des choix lexicaux (« allées, Siècle, cycles, triangles, disloqués, déliées, aile, mobile… ») et plus largement la paronomase* qui « disloque », « dérive », comme « les vents tièdes essaiment », signifiés* et signifiants* (« Siècle – cycle ; ciel – aile »). Les éléments semblent déplacés comme par contagion métonymique*. Le trope est d'abord déplacement dans l'espace du texte, transport métaphorique. La métaphore marine irrigue ainsi le poème : « dans la dérivation du ciel en fuite comme une dérivation de banquises », dans le « Sud pareil au lit des fleuves infatués », dans les « golfes assouvis, comme des fins d'Empires », dans « la table des eaux libres », dans les « rampes vertes des rapides ». La métaphore marine se double également d'une métaphore érotique (l'équivoque dans l'interprétation du « lit des fleuves infatués » ou des « golfes assouvis » est entretenue par la métaphore des « vierges cariées ») et d'une métaphore évoquant la création poétique et la violence du souffle de l'inspiration (« les cygnes - signes - violents » annoncent un « ciel (…) pareil à la colère poétique, dans les délices et l'ordure de la création »).

L'image favorise une lecture polysémique*, où se mêlent les migrations des oiseaux et des troupeaux, la dissémination des graines, les déplacements des colons, les crues des fleuves, l'énergie érotique, le souffle de la création. Elle est d'abord superposition des sens et donne au souffle du verset l'ampleur et le rythme de l'épopée.

Comme dans le poème de Drelincourt, l'image donne à l'évocation toute sa cohérence. Elle détermine également sa forme et sa structure en déployant un réseau complexe de thèmes où le sens s'éclaire en se disséminant. Mais alors que l'image converge, dans le poème baroque, vers le thème des vents, celle-ci est à l'opposé, dans le verset de Saint-John Perse, la source d'une énergie capable, comme il le rappelle en 1960 dans le *Discours de Stockholm*, d'« entrouvrir les voies sensibles, les voies secrètes de l'ineffable et de l'inconcevable ». Loin d'être un état ponctuel, l'image essaime et irrigue une rencontre entre l'imaginaire et le sensible.

B. La métaphore vive : une référence dédoublée

Dans la poésie contemporaine, l'image recrée le monde en fonction de rapports nouveaux. Ainsi l'obscurité de certains poèmes tient à la difficulté de relier le comparant à un comparé qui s'imposerait logiquement comme l'origine de la figure. À la référence ordinaire, l'image ajoute en effet une référence seconde. La mise en rapport suggère une tension entre un sens littéral et un sens nouveau qui surgit du poème. C'est ce que Paul Ricœur, dans *La Métaphore vive*, appelle la « référence dédoublée » : « C'est dans l'analyse même de l'énoncé métaphorique que doit s'enraciner une conception référentielle du langage poétique qui tienne compte de l'abolition de la référence du langage ordinaire et se règle sur le concept de référence dédoublée. »

L'image, dans la poésie contemporaine, construit la référence* dans une tension entre être et non-être. Elle affirme donc également une ambition ontologique. Pour Paul Ricœur, l'image naît d'un désir d'approcher l'essence des choses. Le rapport analogique, d'identité entre deux choses (*idem*), induit un rapport ontologique d'identité de soi à soi (*ipse*).

Exemple

Le lecteur a toujours la tentation de rechercher dans le poème une unité. Mais souvent, comme dans ce poème de Jacques Dupin intitulé « L'Urne », le référent ne se laisse pas saisir et le sens échappe.

> Sans fin regarder poindre une seconde nuit
> À travers cet inerte bûcher lucide
> Que ne tempère aucune production de cendres.
>
> Mais la bouche à la fin, la bouche pleine de terre
> Et de fureur,
> Se souvient que c'est elle qui brûle
> Et guide les berceaux sur le fleuve.

Jacques Dupin, *Gravir*, Gallimard, 1963.

La lecture du poème ne permet pas d'abord de construire une référence à partir du sens littéral : le surgissement de la « seconde nuit » reste énigmatique, tout comme le « bûcher », à la fois « inerte » et « lucide », à la fois sans vie et lumineux, auquel la double caractérisation donne une dimension métaphorique. L'évocation de la « bouche » relève également, par ses incohérences, d'une stratégie de l'énigme. C'est ce moment que Paul Ricœur appelle « l'effondrement de la référence primaire ». L'image excède le sens littéral et ouvre à l'espace de la « métaphore vive ».

C'est précisément à partir de la suspension de la référence primaire que le poème dévoile une nouvelle visée référentielle, un nouveau rapport entre le sujet, les mots et les choses. La densité du réseau métaphorique repose sur des brouillages référentiels qui altèrent les chaînes paradigmatiques* du poème : « nuit – inerte – cendres – terre », « bûcher lucide – fureur – brûle ». L'« effondrement de la référence primaire » ne correspond pas cependant à une abolition de la référence, ce dont témoignent le renversement et la tension entre les deux strophes du poème (« Sans fin regarder… / Mais la bouche à la fin…). Il établit plutôt une tension, au cœur même de la référence, entre un sens dénotatif* altéré et un sens connotatif* riche de virtualités, créant ainsi, par l'image, une « référence dédoublée », celle d'une voix qui devient liquidité féconde lorsqu'elle accepte de se consumer, « pleine de terre et de fureur », de se réduire en cendres, d'abandonner son inerte lucidité.

C. La quête d'un sens autre

L'image a ce pouvoir de nommer autrement les choses, de créer des relations nouvelles entre le langage et le réel. Cette réflexion sur l'essence, sur le rapport entre l'image et la nomination n'est pas ignorée de l'Antiquité. Dans la *Poétique*, Aristote explique que « la métaphore est le transport à une chose d'un nom qui en désigne une autre » et précise les quatre types de liens analogiques sur lesquels repose la métaphore, le plus obscur étant l'énigme dont l'essence est « de joindre ensemble, tout en disant ce qui est, des termes inconciliables ». Dans la *Poétique,* le rapprochement des « termes inconciliables » obéit à une logique, à une volonté de révéler ou de dissimuler des similitudes cachées. Le poète est donc un « imitateur, tout comme le peintre et tout autre artiste qui façonne des images », pour qui « bien faire les métaphores, c'est bien apercevoir les images ».

Dans la poésie contemporaine, la métaphore, en déplaçant, en transformant de manière inattendue les catégories du réel, a la tentation d'atteindre le cœur même du langage. Il ne s'agit plus d'imiter, mais de créer, à l'intérieur même du langage, un sens nouveau. L'image est alors une vision autre dans la mesure où elle accomplit une métamorphose du réel et de l'imaginaire dans la chair même des mots.

Exemple

L'œuvre de Francis Ponge naît du désir de prendre le « parti pris des choses ». L'image doit cesser d'être un pur artifice rhétorique afin d'approcher, comme dans ce poème intitulé « Le Gui », par des « définitions-descriptions », un juste regard sur les choses.

> Le gui la glu : sorte de mimosa nordique, de mimosa des brouillards. C'est une plante d'eau, d'eau atmosphérique.
> Feuilles en pales d'hélice et fruits en perles gluantes.
> Tapioca gonflant dans la brume. Colle d'amidon. Grumeaux.
> Végétal amphibie.
> Algues flottant au niveau des écharpes de brume, des traînées de brouillard,
> Épaves restant accrochées aux branches des arbres, à l'étiage des brouillards de décembre.

Francis Ponge, *Pièces*, « Le Gui », 1961.

Le poème se présente comme une « définition-description » qui n'est pas sans rappeler les différentes rubriques d'un dictionnaire encyclopédique précisant des données botaniques, géographiques, mais aussi culturelles : les « Épaves restant accrochées aux branches des arbres, à l'étiage des brouillards de décembre » évoquent ainsi la coutume du « gui de l'an neuf ».

Mais l'ouverture du poème est d'emblée, par un jeu sur le signifiant*, métaphorique : « Le gui la glu » sont rapprochés par la paronomase*. La métaphore initiale est d'ailleurs prolongée par des échos sonores [g] et [l] et par la structure même du texte, qui juxtapose des phrases sans verbe (syntaxe nominale). Cette ouverture poétique oriente, dans la progression du texte, les trois réseaux métaphoriques dominants : le « gluant » (auquel il faut associer la métaphore culinaire : « Tapioca gonflant dans la brume. Colle d'amidon. Grumeaux »), la métaphore marine (« Feuilles en pales d'hélice », « Algues », « Épaves ») et celle d'une vie amphibie, où le gui est à la fois un élément aquatique et aérien.

Mais la représentation première est déjouée par une série de jeux de mots et de doubles sens, de sens parasites comme l'est d'ailleurs le « gui », ou la « glu » des mots : « colle d'amidon » semble apparaître dans les « gru-meaux » (« gru/glu-mots »). Les réseaux métaphoriques, les jeux sur le signifiant et la structure syntaxique du poème, qui assure leur cohérence, font du texte une métaphore même du mot, une tentative pour donner un sens autre au « gui », à la fois mot et chose. Le sens naît d'un essaimage des signifiants. Le poème est une sorte de « collage », une création engendrée par un « texte-gui », et retrouve ainsi (rêve du cratylisme*), par l'image, l'étymologie du mot « gui ». *Viscum* en effet, qui en latin signifie « colle » (« glu »), est l'étymon du mot « gui ».

L'image, dans la poésie de Francis Ponge, permet de donner un sens autre, de convertir l'objet en « objeu », source d'« objoie », de créer des relations nouvelles entre le langage et le réel.

SYNTHÈSE

L'image est un élément essentiel des poétiques contemporaines. Au-delà de choix esthétiques très différents, elle se définit par :

- le désir de donner à voir un monde autre, où surgisse un sens nouveau ;
- sa fonction herméneutique, déchiffrant les rapports figurés entre les mots et les choses ;
- le surgissement d'une « référence dédoublée » au sens où l'entend Paul Ricœur.

EXERCICE

En vous appuyant sur les points développés plus haut, montrez dans quelle mesure les images de ce poème de Lorand Gaspar dédoublent la référence pour inviter le lecteur à un déchiffrement du réel.

Nuit sur mer plus noire que mer
Il faut ramer longtemps, je sais.
La barque est noire et blanche
la peau humide et frileuse
(ton corps sentait la résine vers l'aube et la sauge)
je rame
une jubilation se tend sur les eaux couleur de ramier,
tu casses le pain cuit dans l'écorce d'orange, –
la mer change rapidement d'armure
(je ne te reconnaissais plus le matin dans les draps du regard)
la mer plie de grandes barres de miel roux,
la fraîcheur surprise dans les menthes, l'origan
et le nerprun épineux –
il y a des îles encore très accroupies
la chapelle blanche sur le dos et des femmes
qui viennent, gréées de noir
comme si tout était déjà tard et couvert de cendre.

Lorand Gaspar, *Égée*, 1980.

CORRIGÉ : voir p. 118.

3. Poétiques de l'image

A. La recherche d'une beauté convulsive

Une des voies ouvertes par la redéfinition de l'image dans la poésie contemporaine est la place essentielle accordée à l'analogie, à l'imaginaire et à l'inconscient. La poétique surréaliste est tout entière fondée sur l'image : « Le vice appelé surréalisme, écrit Aragon en 1926 dans *Le Paysan de Paris*, est dans l'emploi déréglé et passionnel du stupéfiant image. »

Le Surréalisme repose en effet sur une théorie de l'image que Breton emprunte à Pierre Reverdy. Il est intéressant de noter que, dans sa lecture de la définition de Pierre Reverdy, Breton retient le caractère fortuit du rapprochement des réalités :

> C'est du rapprochement en quelque sorte fortuit des deux termes qu'a jailli une lumière particulière, lumière de l'image, à laquelle nous nous montrons infiniment sensibles. (...) Les deux termes de l'image ne sont pas déduits l'un de l'autre par l'esprit en vue de l'étincelle à produire, ils sont les produits simultanés de l'activité que j'appelle surréaliste, la raison se bornant à constater, et à apprécier le phénomène lumineux.
>
> André Breton, *Manifeste du surréaliste*, 1924.

Les surréalistes inversent la conception aristotélicienne qui fondait l'énigme sur le rapprochement rationnel des réalités éloignées. La valeur de l'image est dans son surgissement inattendu, dans son pouvoir de condensation, dans l'énergie qu'elle libère.

Ainsi, aux yeux d'André Breton et de nombreux poètes surréalistes, la comparaison a le pouvoir d'ouvrir à la surréalité, comme dans les « beaux comme… » de Lautréamont : « Le mot comme devient le mot le plus exaltant dont nous disposions », écrit-il dans *Signe ascendant* en 1947. Dans la poésie surréaliste, le mot « comme » ne sert pas à rapprocher deux réalités, mais au contraire à souligner le caractère fortuit et incongru du rapprochement. Dans la comparaison surréaliste, le motif* est très souvent effacé et le lien entre le comparé* et le comparant*, comme dans ce vers de Louis Aragon (« Elle marchait comme on rit »), n'est pas élucidé.

L'image surréaliste se définit d'abord comme un acte de dévoilement où l'analogie est à la fois l'origine, le principe et l'horizon de l'image : « Il se peut que la vie demande à être déchiffrée comme un cryptogramme » écrit Breton dans *Nadja*. Le poème surréaliste devient alors la quête de signes et le signe d'une quête. C'est dans les poétiques les plus fortement inspirées par le Surréalisme qu'apparaît le plus nettement le pouvoir herméneutique de l'image.

Exemple

La lecture des poèmes de *Clair de Terre* d'André Breton est souvent déroutante. Toute tentative pour construire un sens semble en effet aussitôt déjouée, comme dans ce poème intitulé « L'Herbage rouge », dédié à Denise Kahn :

L'herbage rouge, l'or des grands chapeaux marins
Composent pour ton front la musique et les plumes
D'enfer. Sur ton chemin blanchissent les enclumes.
S'il fait beau dans ton cœur il tonne sur tes reins.

Jamais le val d'amour! Dans les feuilles ces trains
Qui disparaissent, pris au lasso par les brumes...
Tourne éternellement tes seins dans les écumes
Des chutes : la lumière est tout ce que j'étreins.

Va, comète du rire où le néant t'appelle,
Ouvre tes jambes sur l'éventail ou l'ombelle;
Toi seule sais me rendre un printemps sang et eau.

Balances de la vie, avec toi pour fléau.

André Breton, *Clair de Terre,* « L'Herbage rouge », 1923.

Il n'est pas facile, dans l'analyse du texte, de déterminer clairement les images. Leur gratuité, leur pouvoir révèlent des rapports nouveaux au langage et à la représentation du monde. La définition classique des tropes*, la hiérarchie entre comparé* et comparant* sont bouleversées par la libération de l'imaginaire et de l'inconscient. Sur le plan stylistique, on peut relever certains traits d'une pratique surréaliste de l'image :

– les métaphores adjectivales fondées sur une caractérisation « non pertinente » et altérant les catégories logiques : « L'herbage rouge », les « grands chapeaux marins » ;

– les métaphores filées reposant pour la plupart sur des métaphores *in absentia* à noyau verbal et qui dessinent une composition musicale et florale (v. 1-3) ; « blanchissent les éclumes » ; « S'il fait beau dans ton cœur il tonne sur tes reins. », « Dans les feuilles ces trains/Qui disparaissent, pris au lasso par les brumes » ;

– les métaphores construites au moyen de « l'énigmatique préposition de » (Jean Molino, Jöelle Gardes-Tamine, *Introduction à la poésie*, Paris, PUF, 1982, p. 171) et d'un groupe déterminatif induisant des rapports de matière, de qualité, d'identité ou d'appartenance : « L'or des grands chapeaux marins », « le val d'amour », « les écumes des chutes », « comète du rire où le néant t'appelle », « Balances de la vie, avec toi pour fléau ». Cette préposition produit des effets de sens qui permettent, au-delà de la figuration d'un imaginaire, de préciser les tonalités du poème : remotivation du langage (la mise en relief par le rejet externe, la préposition « de » font de la métaphore « les plumes/D'enfer » à la fois une image étonnante par le rapprochement de deux réalités très éloignées et la réécriture d'une expression familière relevant du cliché pour exprimer une admiration) ; implicite érotique (« le val d'amour »). Les forces libératrices de l'humour (voir l'*Anthologie de l'humour noir* d'André Breton) et de l'inconscient nourrissent une esthétique de l'image qui est remise en question du langage et du monde. Cette esthétique est d'autre part en harmonie avec les choix formels du poète : parodie du genre du blason* amoureux, sonnet inachevé après le premier tercet mais isolant un vers clausule reposant sur une image (la balance des jours) et sur un terme polysémique* (le fléau de la balance, l'événement funeste associé à la représentation imaginaire de la femme).

En créant des relations inédites, l'image surréaliste introduit sans doute une part d'obscurité, mais elle est aussi l'affirmation d'une nécessité qui dépasse l'écriture : l'affirmation de l'énergie libératrice de l'inconscient, de l'humour et du désir contre le rationalisme enfermant l'homme dans un réel décevant. Le principe qui régit l'organisation des images, et qui est commun aux métaphores et aux comparaisons, est celui d'une rupture logique entre les termes rapprochés. Cette pratique de l'image libère ainsi de tout impératif de représentation d'un monde objectif. L'image n'est plus la représentation d'un référent* mais, dans un rapport inversé, elle devient en quelque sorte le référent même du poème, tout en affirmant la subjectivité et l'originalité d'un imaginaire.

B. « Poéthiques » de l'image

Les poétiques contemporaines voient dans l'image un rapport ontologique du sujet au langage et au monde. Telle est par exemple l'ambition affichée par le Surréalisme dans sa quête de la surréalité : « Tout porte à croire qu'il existe un certain point de l'esprit où la vie et la mort, le réel et l'imaginaire, le passé et le futur, le communicable et l'incommunicable, le haut et le bas cessent d'être perçus contradictoirement. Or c'est en vain qu'on chercherait à l'activité surréaliste un autre mobile que l'espoir de détermination de ce point. » (André Breton, *Le Surréalisme et la Littérature contemporaine,* Gallimard, coll. « Bibliothèque de la Pléiade », p. 1015).

Contestant cependant les prestiges de l'image dans l'esthétique surréaliste, certains poètes tentent de retrouver, par l'image, un lien entre le sujet, les mots et les choses. Philippe Jaccottet explique, dans *L'Entretien des muses* (p. 304), que la poésie exige « une attention si profonde au visible qu'elle finit nécessairement par se heurter à ses limites ; à l'illimité que ce visible semble tantôt contenir, tantôt cacher, refuser ou révéler. ».

L'image doit permettre d'atteindre ce centre, cette présence : « L'extrême beauté luirait peut-être dans l'extrême contradiction ; dans la contradiction portée jusqu'à l'énigme et jusqu'à une énigme qui, à la réflexion, doit nous sembler aussi une folie : ailes de papillon, graines, regards… » (Philippe Jaccottet, *La Promenade sous les arbres*)

Il s'agit alors de définir un lien éthique au langage et au monde en se gardant des illusions de l'image, des prestiges illusoires du démon de l'analogie. Revenant sur l'attrait qu'a exercé sur lui le Surréalisme, Yves Bonnefoy, dans ses *Entretiens sur la poésie* (1981), définit la poésie dans une tentative de dépassement de l'image : « L'image, c'est la tentation de qui dispose des mots, de qui a donc le pouvoir de leur faire dire ce qu'il désire, mais c'est son inquiétude aussi bien, devant sa liberté qu'il ressent trop grande, car qui ne sait au profond de soi qu'on ne peut comprendre vraiment la terre qu'en l'éprouvant comme la vie le veut, dans le temps, dans les contraintes qu'il nous impose : dans le lieu d'ici, accepté ? »

Pour Yves Bonnefoy, l'image ne donne que l'illusion d'une présence au monde. La fascination pour l'image porte en elle la tentation pour la poésie de ne plus renvoyer qu'à elle-même et à l'obscurité de son langage, d'éloigner la parole poétique de la fragilité du monde réel. Pour de nombreux poètes contemporains, l'image doit ainsi permettre d'inscrire la voix dans un juste rapport au langage et au monde et de définir la poésie par la précarité de son chant.

Exemple

Au tournant des années 1980, se dessine dans la poésie contemporaine l'exigence d'un retour au lyrisme comme traduction d'une présence, parfois d'une transcendance, dont témoignent notamment les œuvres de Paul de Roux, de Jean-Pierre Lemaire et de Guy Goffette. Dans ce poème extrait de *La Vie promise*, Guy Goffette reprend dans le premier vers une citation du verset 6 du Psaume 38 pour évoquer la précarité des êtres et des choses.

Oui tout homme debout n'est qu'un souffle,
Poussière dans la gorge ses cris, ses pleurs,
ses chants d'amour et de déréliction, sable
du désir qui s'enlise : mourir,

ne pas mourir, qu'importe après tout,
si la mer n'est rien d'autre qu'un soupir
dans le rêve du ciel qui s'abandonne,
nos yeux la voile prise de vertige

et qui retombe vite sur la barque de chair
– ô frêle esquif dans le brouillard, sans fanal
hors la petite voix qui se balance
derrière la nuque, répétant

l'inlassable qui es-tu, qui es-tu, qui ?

Guy Goffette, *La Vie promise*, Paris, Gallimard, 1991.

Dans ce poème, l'espace poétique apparaît comme un champ complexe où le regard n'a de cesse de passer des apparences à la vision spirituelle, expérience de la fragilité et de la vanité, comme en témoignent les tournures restrictives ramenant le thème à son essentielle précarité : « Oui tout homme debout n'est rien qu'un souffle », « si la mer n'est rien d'autre qu'un soupir ».

L'effacement du « je » dans le mouvement d'une conversation intime révèle une voix précaire et ténue, en quête d'une certaine neutralité, cherchant à établir fugitivement l'impersonnel au cœur de la voix. Les signes d'un éloge de la fragilité sont sensibles dans le style : la brève et illusoire consistance du présent, à la fois temps de la précarité et de l'atemporalité, l'essoufflement d'un chant menacé par le silence, un rythme et une prosodie rappelant le mouvement de la prose, les détours et les retours de la phrase dont les approximations et les corrections trahissent une énonciation qui progresse par approches du réel.

Cette esthétique du poème implique une définition éthique de l'image et un parcours herméneutique particulier qui, à partir de la lecture des apparences, engage une interprétation que l'on peut qualifier de symbolique, puisqu'elle vise à traduire, au-delà d'une intériorité, une quête spirituelle. De fait, l'image est toujours motivée et le motif suggéré. Elle associe au comparé relevant du quotidien (« l'homme », « ses cris, ses pleurs/ses chants d'amour et de déréliction ») un comparant susceptible d'introduire une interprétation symbolique (« un souffle », « Poussière »).

On peut également noter dans ce poème le statut particulier des « figures-arguments », et plus particulièrement des métaphores *in praesentia*, au point que l'allégorie* semble organiser l'ensemble du discours : métaphores attributives (« si la mer n'est rien d'autre qu'un souffle »), métaphores appositives (« sable du désir qui s'enlise »), métaphores introduites par la préposition « de » (« sable du désir », « la barque de chair »), métaphores à noyau verbal (« le rêve du ciel qui s'abandonne »).

L'image ordonne ainsi la lecture du sensible et des apparences dans un rapport éthique du sujet au langage et au monde. Comme le montre Jérôme Thélot (*La Poésie précaire*, Paris, PUF, 1997, p. 9), « (...) désormais moderne, c'est-à-dire sans les dieux, la poésie est précaire, le sens étymologique de ce dernier mot étant ici ranimé dans son acception courante. Précaire, du latin *precari*, veut dire : obtenu par la prière, donc permis par une puissance supérieure, donc susceptible d'être retiré, par conséquent fragile et pauvre. Précaire est la poésie moderne en ceci qu'elle tient à la prière impriable, en ceci donc qu'elle est l'essentielle pauvreté d'être défaite de l'oraison. »

SYNTHÈSE

Dans la poésie moderne et contemporaine, le statut de l'image permet de définir les liens qui unissent le sujet, le langage et les choses. On peut ainsi distinguer, au sein de la modernité, des « poéthiques » de l'image :

- les poétiques les plus fortement inspirées par l'esthétique surréaliste donnent à l'image une fonction essentielle où les analogies surprenantes libèrent l'inconscient et l'imaginaire : l'image traduit la quête d'un sens excédant les mots et les choses;
- les poétiques qui se défient d'un culte excessif de l'analogie, d'un langage fasciné par ses propres obscurités (tenté par l'autoréférentialité) et recherchent plutôt (au-delà de cet écart entre comparé et comparant caractéristique d'une pratique moderne de la métaphore) un juste rapport du sujet poétique au langage et au monde : l'image affirme alors plus fortement l'exigence d'un lien éthique entre le sujet, les mots et les choses.

EXERCICE

Connu pour son théâtre et pour le personnage lunaire de *Monsieur Bob'le*, Georges Schehadé (1910-1989) est aussi l'auteur d'une œuvre poétique essentielle dont l'inspiration fut très fortement marquée par la traversée du Surréalisme.

a. Étudiez les images de ce poème : quels liens présente-t-il avec la poétique surréaliste ?

b. Quelles sont les limites de cette influence ?

c. Comment se définit un lien éthique du sujet au langage et au monde ?

De l'automne jauni qui tremble dans le bois dételé
Il demeure une étrange mélancolie
Comme ces chaînes qui ne sont ni pour le corps ni pour l'âme

Ô saison les puits n'ont pas encore déserté votre grâce
Ce soir nous avançons dans vos feuilles qui passent
Près d'une cascade de triste folie

Et voici dans un nuage de grande transparence
L'étoile comme une étincelle de faim

Georges Schehadé, *Poésies*, 1959.

CORRIGÉ : voir p. 119.

Conclusion

En prenant le parti de ne plus être figurative, la poésie s'engage, dès la fin du XIXe siècle, dans l'ère de la modernité. Cette évolution est à l'origine d'un profond bouleversement de son horizon et de son paysage, comme si désormais il fallait accepter, pour la comprendre, la perte des anciens repères qui en favorisaient la lecture. Car toute œuvre, lorsqu'elle est moderne, vient justement déplacer des lignes de partage que l'on croyait fermement établies, bousculer des classements qui n'ont d'autre raison d'être que de permettre d'approcher la variété des formes et l'originalité des choix esthétiques. À une typologie rigoureuse, la poésie contemporaine semble ainsi préférer une topologie indécise, paysage sans cadastre offert aux errances du lecteur.

La poésie contemporaine est moderne parce qu'elle se fonde sur la notion de « crise », de rupture, d'ébranlement : « L'expérience générique de la poésie moderne, n'est-ce pas celle, double, de l'émerveillement et du conflit ? (...) Paradoxale, dialectique, ou simplement équilibrante, on comprend que la poésie moderne cherche à créer le sens en une assomption violente, parfois tragique, du non-sens. » (Jean-Pierre Richard, *Onze études sur la poésie moderne*, Paris, Seuil, 1964, pp. 7-9). L'inquiétude, l'interrogation apparaissent ainsi comme la condition de sa permanence et de son existence.

Les signes de cette crise sont multiples. Ils sont aussi les plus apparents dans l'écriture du poème, et parfois même les plus déroutants. Dès la fin du XIXe siècle, la libération du vers et des contraintes métriques estompe les marques qui distinguaient le poème de la prose. La poésie se définit comme une recherche sur le langage dont elle exploite la matière sensible ; elle s'ouvre à l'inconscient, libère les pouvoirs de l'image, se fragmente sur la page et semble favoriser la dissonance, l'incohérence, au détriment de l'harmonie et de la représentation d'un réel éprouvé désormais dans une douloureuse distance. La voix du poème est aussi l'objet de cette inquiétude, comme si le poème était avant tout l'épreuve d'un manque, d'un dédoublement tragique du sujet confronté à sa propre opacité et pourtant désireux de maintenir un lien, aussi fragile fût-il, avec les choses. C'est dans cette interrogation sur le sujet, sur le langage et sur le rapport au monde, interrogation éprouvée dans cette distance douloureuse du poème à lui-même, que s'écrit la poésie contemporaine.

Pourtant, au-delà de ces ruptures qui fondent la modernité et dont les signes sont d'abord les plus apparents pour le lecteur, il semble que perdurent des marques spécifiques du genre qui permettent de mettre en perspective les choix esthétiques majeurs de la poésie contemporaine :

– si le poète n'est plus soumis aux charmes mystérieux et inquiétants de l'inspiration (encore est-il cependant habité par la grâce ou « en-thousiaste » pour Claudel, Saint-John Perse ou Jean-Claude Renard), il s'interroge toujours sur cette voix qui est comme la source mystérieuse ou l'origine parfois inconsciente d'un chant désormais privé de transcendance;

– si les marques formelles du genre (comme le mètre ou les formes fixes qui inscrivaient un texte dans le genre poétique) ne sont plus une condition suffisante de la poésie (bien que Paul Valéry dans *Charmes*, Yves Bonnefoy dans *Hier régnant désert*, Guillevic dans ses *Trente et un sonnets* ou encore les poètes oulipiens comme Roubaud ou Queneau demeurent fascinés par des contraintes formelles qu'ils admirent ou rejettent), il n'en reste pas moins que la contrainte formelle apparaît souvent comme l'exigence intériorisée d'une réflexion sur le langage. Ces contraintes que le poète contemporain s'impose librement, ou qu'il retrouve par une lecture personnelle de l'histoire des formes du genre, sont souvent l'expression d'une voix originale : le verset pour Cendrars, Claudel ou Saint-John Perse, le poème en prose chez Michaux ou Jacques Réda devenu « proême » pour Ponge, le haïku dans l'œuvre de Philippe Jaccottet;

– s'il ne s'agit plus seulement pour le poète de célébrer le monde dans un rapport d'évidence et de transparence, la poésie contemporaine semble toujours préserver l'exigence de recréer le monde, d'en souligner les brisures et les ruptures, ou du moins d'en approcher la présence ou le vrai lieu, de rétablir une intégrité perdue.

La poésie contemporaine ne fait peut-être que déplacer, en des lieux plus incertains, ce mystère que ne cesse d'interroger le genre poétique, celui du rapport entre un sujet, le langage et le monde. Elle fait ainsi souvent l'épreuve de l'hermétisme, signe d'une interrogation prolongée et d'une inquiétude, où le sujet et le poème ne peuvent apparaître que dans l'espace d'une parole fragmentée et souvent lacunaire, parfois réduite au seul texte semblant s'affranchir définitivement de tout souci de « re-présenter » pour « présenter » (chez Denis Roche ou Jean-Marie Gleize) le mouvement exigeant de ses propres errances. Cet hermétisme, qui n'est que le reflet de l'opacité, de l'obscurité qui unissent le sujet, le langage et le monde, semble ainsi paradoxalement la condition même de l'existence du poème, dans cet effacement de la voix, dans ce mouvement du texte s'efforçant de transcrire l'éphémère, d'inscrire, dans le passage des mots, comme dans ce poème de Charles Juliet, une « bribe » de parole, un fragment préservé du réel :

Cette paisible force jubilante
quand fusionnent les contraires

Que tout converge et s'accorde
pour exalter la vie

Charles Juliet, *Bribes pour un double,* Arfuyen, Orbey, 2001.

Corrigés des exercices

EXERCICES, pp. 28-29-30

Dans le poème de Guillaume Apollinaire, l'évocation de la mélancolie automnale est dépourvue de références personnelles, spatiales et temporelles précises. Si la première personne est présente et accompagne un verbe suggérant une émotion (« *j'aime* »), si le paysage semble s'ordonner à partir de la vision du locuteur (« *Au fond du ciel* », « *Aux lisières lointaines* »), les formes verbales (présent de l'indicatif, subjonctif présent, impératif), les marques de l'indéfinition (pronom « on », articles indéfinis), la construction de la référence ne permettent pas d'individualiser cette description d'un automne pourtant personnifié (« *Tu mourras* »). Des signes invitent également le lecteur à interpréter cette évocation dans une distance ironique : notations burlesques (« *nixes* (= nymphes) *nicettes* (= simplettes) *aux cheveux verts et naines* »), démystification du surnaturel et de la tonalité élégiaque traditionnellement associée à l'automne, oppositions et antithèses. Cette tension entre lyrisme impersonnel et démystification situe la modernité de ce poème d'*Alcools* entre continuité et rupture.

Le pronom de la première personne est absent du poème de Francis Ponge, même si dans la description de l'automne affleurent des jugements de valeur du poète. Comme le titre le suggère (passage à l'hiver ou fin du thème de l'automne, renouvelé dans le poème), le « parti pris » du poète est de « désaffubler la poésie » des représentations associées à l'automne pour rendre les choses aux mots. Les énoncés gnomiques, les néologismes (« *cette grenouillerie* », « *cette amphibiguïté salubre* »), la distance humoristique à l'égard des clichés du langage sont les signes manifestes d'une tension entre le sujet et l'objet, d'une entreprise qui tend à définir de manière radicale des relations nouvelles entre les mots et les choses.

La perspective est encore différente dans le poème de Jacques Réda. Le titre actualise pour le lecteur cette évocation de l'automne dans l'univers de référence du poète (article défini à valeur de notoriété, rue familière au poète). Les marques de première personne, le présent de l'indicatif, des expressions déictiques (« *je ne sais plus ce que j'attends ici* ») invitent à identifier (alors même qu'il ne s'agit que d'un effet du texte) le « je » poétique et le « je » autobiographique.

EXERCICES, pp. 40-41

Éloges de Saint-John Perse et *Cahier d'un retour au pays natal* d'Aimé Césaire, tout en se situant en rupture avec les formes traditionnelles du genre poétique (Saint-John Perse par le souffle du verset cadencé, Césaire par le rythme d'une poésie en prose), préservent des marques explicites de la rhétorique épidictique (rhétorique de l'éloge chez Saint-John Perse, rhétorique du blâme chez Aimé Césaire) :

– **texte 1** : anaphore scandant le verset de « Pour fêter une enfance » et d'*Éloges* : « *Ô j'ai lieu de louer* ! » ; modalités interrogatives célébrant la beauté d'un passé perdu (« *Te souvient-il...* ») ; comparatifs (« *midi plus sonore* », « *une mer plus crédule* ») ; superlatifs (« *aux cimes les plus fastes* ») ; choix lexicaux marquant l'intensité et l'élévation du chant (« *des fleurs d'aube bleue à danser sur les criques du matin* », « *flèches lancées par la mer de couleurs* », « *de hauts navires à musique* », « *se gorgeait* », « *cimes* », « *glorieux* », « *fable généreuse* », « *table d'abondance* »).

– **texte 2** : invectives adressées au personnage de l'Antillais soumis à l'ouverture du recueil (ces trois séquences constituent l'ouverture de *Cahier d'un retour au pays natal*), rythmant le mouvement du discours (« *Va-t-en* ») ; verbes soulignant la rhétorique du blâme (« *je déteste* » (= je maudis) ; choix lexicaux trahissant la violence du « je » poétique : insultes : « *gueule de* », « *les larbins de l'ordre* », « *les hannetons de l'espérance* », « *punaise de moinillon* » ; superlatifs : « *maisons les plus insolentes* » ; champs lexicaux de la violence (« *les Antilles dynamitées d'alcool* ») et de la souffrance (« *eschare* »).

La poésie de Saint-John Perse et celle d'Aimé Césaire partagent le même souffle incantatoire. On ne trouve nul exotisme dans l'évocation de l'enfance chez Saint-John Perse, mais plutôt la transfiguration légendaire d'une origine : le jardin du père (le sens étymologique de « paradis » en grec est « jardin ») et le retour du chant vers une origine perdue, qui inscrit *Éloges* dans la tradition du haut lyrisme (dont le modèle est l'ode du poète grec Pindare).

Cahier d'un retour au pays natal, œuvre de rupture, conserve les marques d'une poésie d'invective illustrée dans l'histoire du genre par des formes différentes (comme par exemple la satire). La violence verbale du locuteur (figurant la voix intemporelle du peuple antillais) dans la dénonciation de l'ordre colonial doit aussi à l'influence du Surréalisme.

EXERCICE 1, p. 55

Le poème s'ouvre sur un vers de douze syllabes. Il détermine ainsi une mesure rythmique essentielle (référant à une « mémoire métrique », l'alexandrin, signe peut-être d'une plénitude, d'une possible harmonie entre le langage et le monde), musicalement prolongée au vers 2. Mais ces deux vers de douze syllabes ne s'inscrivent pas dans un système régulier (mesure syllabique altérée aux v. 3, 7, 9 et 10 ; absence de rimes). Cette absence de régularité métrique conduit à préférer le terme de dodécasyllabe à celui d'alexandrin pour analyser les deux premiers vers du poème. La mesure rythmique des douze syllabes est dominante. Elle peut être rétablie aux vers 3 et 7 au prix d'une coupe épique* sur l'adjectif « *douce* » (apocope du « e » normalement prononcé devant un phonème consonantique) et d'une césure épique* sur « *ancre* » (apocope du « e »). Le vers 10 (dernier vers du poème), composé de 16 syllabes, peut être lu comme un vers de 12 syllabes prolongé par une mesure de 4 syllabes, dépassant la clôture du poème (et jouant ainsi le rôle d'une clausule rythmique), ce que dit bien le mot « *traversée* » (le poème comme traversée du langage par le désir, « *amour réalisé du désir demeuré désir* »). Seul le vers 9 (10 syllabes), où précisément apparaît la figure du « *Poète confondant* », est en rupture avec la mesure rythmique dominante du poème.

La liberté rythmique est donc signifiante : elle souligne les articulations majeures du sens. Le mètre ne détermine pas le rythme ; c'est à l'inverse le rythme du poème qui construit sa propre régularité et ses choix de rupture.

EXERCICE 2, p. 56

Ce poème est écrit en vers libres, ce qui permet à Verhaeren d'user d'une certaine liberté pour peindre un univers urbain à la fois fascinant et inquiétant. Ainsi, les deux premières strophes s'ouvrent sur des vers de 12 syllabes, avant de céder le pas à des mètres plus brefs (pour la 1re strophe : 8 / 7 / 8 syllabes), plus aptes à traduire un univers à la fois fragmenté et uniforme. Si dans le vers 1, le rythme linguistique l'emporte sur une éventuelle césure (4 / 8), le vers 5 (si on le considère comme un alexandrin) met en relief « *rouillés* » à la césure. Les termes placés en fin de vers, constituant parfois des rimes (« *symétriques-fabriques / infini-nuit / caries- scories-pourrie / bars-hagards / fols-alcools* »), les phrases, reposant soit sur l'inversion du sujet, soit sur une structure nominale (l'absence de verbe produisant une vision kaléidoscopique du réel, où l'emportent le fragmentaire et le discontinu), s'accordent avec le rythme du vers libre pour transfigurer l'évocation d'un univers urbain inquiétant et fascinant.

EXERCICE 3, p. 57

Le titre du poème, titre énigmatique, réduit au graphème* C, puis éclairé par la référence aux « ponts de Cé », dissémine un couple de phonèmes qui apparaît vingt et une fois dans le texte : 18 fois à la rime (rime par ailleurs unique), une fois à l'ouverture du vers 2 (« *C'est* »), deux fois en rimes internes (« *traversé* » aux vers 1 et 18). La virtuosité manifeste du poème est le signe d'un travail « poétique », où la matière des mots (le signifiant) semble engendrer le sens (le signifié), mais aussi celui d'un retour à la tradition poétique, exigence d'une résistance à la barbarie, comme l'écrit Aragon dans « Arma virumque cano », préface de son recueil *Les Yeux d'Elsa*. Ainsi, on peut repérer dans « C » une rime léonine* (englobant deux voyelles prononcées et s'étendant sur deux syllabes, la rime se trouvant ainsi enrichie) : « danser/fiancée »; une rime enjambante ou annexée* (la dernière syllabe de la rime étant reprise au vers suivant) v. 1-2; un vers léonin* : où les deux hémistiches riment ensemble, si l'on place la césure du premier et du dernier vers après « *traversé* » (5 / 3).

La virtuosité poétique est au service du sens; les sons répétés donnent au poème son unité, déterminent des réseaux sémantiques (la situation négative « *passés; blessé; faussées; effacées* » s'opposant aux valeurs de l'imaginaire médiéval, celui de « l'éternelle fiancée »). Aragon renouvelle la rime par un retour paradoxal à des formes anciennes que régénère une pratique moderne de l'écriture (largement tributaire de la traversée du surréalisme) où le signifié* semble engendré par le signifiant*.

EXERCICE, p. 62

Le verset métrique, par le retour des octosyllabes et des hexasyllabes, fait de ce chant d'éloge une poésie incantatoire, soulignant les parallélismes syntaxiques : « *Et les servantes de ma mère* (8), *grandes filles luisantes* (6).... *Et nos paupières fabuleuses* (8) »; « *Appelant toute chose* (6), *je récitai qu'elle était grande* (8), *appelant toute bête* (6), *qu'elle était belle et bonne* (6). » Ce souffle incantatoire semble permettre au poète de remonter (à l'image d'Orphée charmant les éléments naturels pour ramener Eurydice des Enfers) vers le souvenir de la « *très petite sœur* ». Mais le verset permet aussi de souligner des ruptures : « *Ô* » détaché après l'aposiopèse*, le silence qui suit l'entrée dans le rêve (« *fabuleuses* » peut signifier « merveilleuses » ou, étymologiquement, « qui imagine »). La fermeture des paupières est entrée dans le silence du rêve qui est aussi naissance du chant poétique; « *fleurs voraces* », « *insectes verts* » sont ainsi mis en valeur, comme des signes inquiétants annonçant l'évocation de la mort de la petite sœur (« *les bouquets au jardin* », « *sentaient bon* », « *l'oiseau-mouche* »).

Le souffle du verset métrique oscille entre incantation et rupture, à l'image de la fragilité du destin brisé de la « *petite sœur* » (voir l'ellipse qui atténue le souvenir en le révélant dans toute sa brutalité) et de l'intensité de la douleur.

EXERCICE, p. 64

Ce texte se présente sous la forme d'un poème. L'ouverture et la clôture sont fortement soulignées; les trois séquences du texte suggèrent des effets de cadence et de rythme : dans la dernière partie du poème, les phrases exclamatives, ouvertes par la reprise anaphorique* de la structure extractive (de mise en relief) « *C'est... qui* », sont de volume croissant. Des mesures rythmiques reviennent : « (...) *et toujours nous ramène* (6), *recueillis aux fenêtres* (6), *aux fenêtres aux grands horizons* (9) ». Des modalités exclamatives trahissent un mouvement d'emphase. Des termes et des constructions poétiques féminisent et érotisent la « *motocyclette* » : place de l'adverbe « *déjà* », « *toujours nous ramène* », « *recueillis* », anadiplose* soulignant la rêverie « *aux fenêtres* ».

La liberté formelle du poème en prose est cependant propice (comme chez Baudelaire ou Rimbaud) à l'irruption de prosaïsmes (« *ça* », « *pisser rêveusement* »), d'expressions à double sens (« *endort* » peut connoter la rêverie poétique et la contemplation stupide), autant de signes d'un plurivocalisme, d'un éloge distancié et ironique (à l'image de l'emphase du titre « *Quand les motocyclettes rentrent à l'horizon* ») exigeant la complicité du lecteur.

EXERCICE, p. 68

Le « je » n'apparaît pas dans ce poème de Pierre Reverdy, comme s'il s'agissait pour le poète de respecter le vœu exprimé par le titre, « Secrets », et de se fondre dans l'anonymat du « on ». Le poème unit dans la même uniformité les êtres et les choses, et cette indétermination, marquée également par le présent à valeur de « temps-zéro », les modalisateurs* et le pronom indéfini, donne précisément au poème toute sa force émotionnelle qui parfois, allusivement, transparaît lorsqu'il est question de « *quelqu'un* » qui « *soupire* » ou des « *arbres* » qui « *ont l'air de sourire* ». La disposition des vers sur la page juxtapose des notations elliptiques, fragmentaires, sans cohérence syntaxique ou sémantique apparente. L'énumération, la syntaxe nominale, dans les quatre premiers vers, réduisent les énoncés à un simple constat. C'est alors le rythme du discours, instaurant une temporalité nouvelle, dans la singularité de ses ruptures comme de ses enchaînements, qui est à la source du sens. Ainsi, les blancs typographiques séparant les deux derniers vers prolongent le mystère du poème, le tremblement du sens (la « *feuille* » est susceptible d'une double lecture : feuille de l'arbre ou feuille où s'écrit le texte) inscrit dans la traversée du poème comme « *Un nuage traverse la nuit* ».

EXERCICE, p. 71

Dans *Les Amours jaunes*, Tristan Corbière fait le vœu de « châtrer l'amour ». Le recueil s'ouvre d'ailleurs sur un poème intitulé « Ça », où la poésie est mise à la question. L'inscription du moment de l'écriture, moment précis (« 20 juillet ») et propice au recueillement (« le soir ») indique bien l'intention ironique du poème et le refus d'une poésie personnelle qui n'a que le masque de la sincérité. Dans « Le Crapaud », le sonnet inversé est la forme qui permet de traduire, par la dérision, l'altération du chant, chant désormais « à rebours » du crapaud, figure inversée de l'albatros (« *poète tondu sans aile* », « *rossignol de la boue* »), chant habité par une inquiétante altérité, celle que matérialise le pronom démonstratif neutre (« – *Ça se tait : Viens, c'est là, dans l'ombre...* »). L'inversion des phonèmes (notamment dans le vers 2 : « *plaque/métal clair* ») est le signe d'une dérision à l'égard d'un décor de convention, celui de l'idylle, rendu à son artificialité, à ses ambiguïtés : est-ce « un chant sans air », comme semble d'abord le suggérer le poème, chant « châtré », privé de musicalité, « chant dans une nuit » (« Sérénade des sérénades » est une des sections des *Amours jaunes*) privé d'harmonie (« romances sans paroles »), ou bien d'une « nuit sans air », nuit où l'on étouffe ? Le dernier vers, où s'accomplit l'identification parodique entre le crapaud et le poète, est détaché, comme une ultime épitaphe. La ponctuation, utilisée comme un élément du rythme (« *Horreur !* »), la « suraccentuation » et la multiplication des coupes (v. 9), la synérèse* burlesque (« *poète* »), le jeu sur les rimes (« *sans aile* » = sans elle), sont autant d'éléments d'une écriture de l'excès, de l'hypertrophie, de l'asphyxie.

Comme le montre Jean-Marie Gleize dans *Poésie et figuration* (Paris, Seuil, 1983, pp. 104-123), l'ironie et la parodie, dans *Les Amours jaunes*, tout en déconstruisant l'harmonie du chant poétique, figurent ainsi un sujet dérisoire qui, à l'image du « Crapaud », tente de retrouver une voix originale dans l'espace d'une poésie des marges.

EXERCICE, p. 78

La première phrase du poème est semblable à une entrée de dictionnaire : elle définit une approche métalinguistique du « cageot ». Les mots « *cageot* », « *cage* » et « *cachot* » sont cependant rapprochés par une paronomase* qui semble suggérer une possible synonymie entre ces trois termes. Dès l'ouverture du poème, la matière même des mots semble engendrer un sens nouveau. La logique du signifiant se substitue insensiblement aux rapports figés entre les mots et les choses, entre le signe linguistique et le référent. Elle est une remotivation du langage (les mots « *cageot* », « *cage* » et « *cachot* » ne partagent-ils pas un certain nombre de sèmes* en commun, et notamment celui de l'enfermement ?). Le « parti pris des choses » est aussi une rêverie rappelant le cratylisme*.

La disposition des trois séquences du poème semble également déterminée par la logique du signifiant. On trouve en effet à l'ouverture de chaque paragraphe le phonème vocalique [a] (« *À mi-chemin* », « *Agencé* », « *À tous les coins de rue* »). Ce phonème semble dresser, repris dans la préposition « à », la topographie d'un itinéraire, celui de la lente dégradation du cageot : « *À mi-chemin* », « *À tous les coins de rues qui aboutissent aux halles* », « *à la voirie jeté* ». Les phonèmes du « cageot » sont ainsi disséminés dans le poème, figurant la réalité paradoxale de l'objet : sa dureté (le phonème* [k] que l'on retrouve dans « *coup* ») et sa fragilité (le phonème* vocalique [a] rapprochant des termes signifiant l'ouverture, l'éclat). L'allitération en [s] (« *pose* », « *sans retour* », « *en somme* », « *sympathiques* », « *sort* », « *s'appesantir* ») mime l'agonie finale du cageot.

La logique du signifiant* est le signe d'un traitement ludique du langage (en témoignent les nombreux jeux de mots, comme sur « *s'appesantir* » ou la réécriture d'expressions figées : « *en faire une maladie* ») où l'objet est devenu « *objoie* » et « *objeu* » dans l'espace du poème. Le « parti pris des choses » est une recherche « poétique » au sens où la matière des mots est une remotivation des liens entre signe linguistique et référent*.

EXERCICE, p. 84

On peut d'abord relever des métaphores* *in absentia* (« *L'été chantait* », « *ton cœur nageait* », « *ces hauts pics d'écume où croisent nos vertus meurtrières* », « *Les orages moururent* », « *Le monde s'en alla* ») où sont associés les éléments naturels et les valeurs humaines dans un rapport de « *sympathie* » (dont l'étymologie grecque signifie « souffrir avec »), où fusionnent les êtres et les choses, mais en une harmonie qui inscrit une fêlure, un « *écart* », une distance, une « *liberté triste* » qui semblent se résoudre dans une destruction où perdure l'amour.

Mais ce poème de René Char montre aussi combien l'image dans la poésie contemporaine tend à brouiller les rapports entre comparé* et comparant, tels qu'ils s'établissent dans la métaphore et la comparaison. Ainsi, dans la métaphore « *nous qui étions silence, sympathie, liberté triste, mer plus encore que la mer dont la longue pelle bleue s'amusait à nos pieds* », l'image permet la circulation du sens entre le monde et le poème.

EXERCICE 1, p. 87

L'image se construit avec humour à partir de la représentation convenue et familière du cœur transpercé d'une flèche, symbole de la souffrance amoureuse. C'est d'abord une métaphore* *in praesentia*, à structure attributive (comme s'il s'agissait de définir), qui associe par analogie le comparé* (« *Mon cœur* ») et le comparant* (« *l'arc et le ciel et la corde* »). Cette métaphore est ensuite prolongée par une comparaison (entre l'envol d'un rire et celui de la flèche, rapprochant de manière paradoxale la souffrance et la joie en une même innocence) et par une autre métaphore* *in praesentia* (dont la structure est l'apposition) : « *la flèche oiseau* ». Le dernier vers, en détournant avec humour la catachrèse* (métaphore figée) « *au cœur* de » semble, par un retour implicite au premier vers, revenir au sujet, à la fois « *arc* », « *ciel* », « *corde* », « *arbre* ».

Parodiant le genre poétique du « blason » amoureux (pièce poétique célébrant une partie du corps de l'être aimé), Michel Leiris utilise l'image pour mettre à distance le langage et l'émotion, comme s'il s'agissait de sonder, par le détour du jeu poétique l'inconscient du « je ».

EXERCICE 2, p. 87

Ce qui d'abord surprend le lecteur face à ce poème de Bernard Vargaftig, c'est le dénuement extrême : vers brefs, paysage allusivement décrit et comme emporté (le titre du recueil *Où vitesse* suggère ce rapport entre un lieu originel (l'enfance) et le mouvement, le déplacement spatial et temporel qui en est l'origine insituable), syntaxe nominale. L'esthétique du poème figure l'absence du locuteur : le pronom de la première personne est absent; seuls quelques indices de subjectivité signalent sa présense (« *plus tard* », « *Rien rien* », « *Tellement* »). L'image figure donc le « je » poétique dans cette tension, en associant, dans des métaphores* *in absentia* un élément du paysage et un élément suggérant la présence d'un animé (« *Le ciel crissait* », « *Les pommiers endormis* », « *où le vent/Saisit les genêts/Sans cesser de courir* »). La seule comparaison du poème (l'outil de comparaison « comme » étant même détaché en fin de vers, comme s'il s'agissait de manifester, de rendre visible, le déplacement même de l'écriture), rapproche le dévoilement des mots et celui des pierres, en un mouvement qui semble trouver en lui-même sa propre énergie (ce que dénote l'emploi de la forme pronominale « *se découvrent* »).

Les métaphores et la comparaison fonctionnent pleinement comme des tropes : elles figurent dans ce poème le déplacement du sens, du lieu, du temps et du sujet qui s'opère, jusqu'à l'effacement et l'absence, dans l'espace fragmenté du poème.

EXERCICE, p. 95

Le paysage évoqué dans ce poème est un paysage méditerranéen dont le lecteur peut identifier immédiatement certains éléments : la mer, la barque, les végétaux (« *l'origan* », « *le nerprun épineux* »), les îles, les femmes en noir. *Egée*, dédié au poète grec Georges Séféris et « *aux pêcheurs de Patmos* », regroupe en effet des poèmes où Lorand Gaspar retrouve, à l'occasion de voyages, les civilisations anciennes de la Crète et de la Grèce. Mais cette référence première est insensiblement suspendue par le travail d'écriture au profit d'une référence seconde.

Les comparaisons du poème (structure de comparatif au premier vers, comparative hypothétique dans le dernier vers) donnent une résonance particulière à la couleur noire qui unit le ciel et la mer (« *Nuit sur mer plus noire que mer* »). Cette couleur est le signe d'une destruction totale (« *couvert de cendre* ») et fatale (« *comme si tout était déjà tard* »). L'opposition entre la noirceur et la blancheur est d'ailleurs déclinée dans l'espace du poème : « *La barque noire et blanche* » (emblème de la barque de Charon ou métonymie* de l'ultime voyage) ; « *la chapelle blanche* » et les « *femmes (...) gréées de noir* » (la chapelle et la voile noire au loin étant des signes de deuil).

Les métaphores rendent plus opaque encore la référence, tout en prenant pour origine l'évocation de la nuit sur la mer : hostilité de l'élément liquide avec la métaphore *in absentia* « *la mer change rapidement d'armure* » ; lien obscur entre la mer et les éléments (« *la mer plie de grandes barres de miel roux* ») ; humanisation des îles « *encore très accroupies/la chapelle blanche sur le dos* » (métaphore *in absentia*) alors même que les femmes sont par analogie associées aux barques « *gréées de noir* » ; rapprochement des motifs de l'aube, de l'éveil, du désir, de la blancheur et du regard dans la métaphore *in praesentia* reposant sur l'énigmatique préposition « de » : « *je ne te reconnaissais plus le matin dans les draps du regard.* »

Les images, tout en inscrivant le poème dans le sensible, semblent lui accorder une présence élargie et énigmatique, dédoublant la référence et lui donnant profondeur : « Le texte poétique, écrit Lorand Gaspar, est le texte de la vie, travaillé par le rythme des éléments, construit, érodé par tout ce qui est, fragmentaire, plein de lacunes, laissant apparaître dans les failles des signes plus anciens. Trame d'ardeur et de circulation : chacun peut y lire autre chose et aussi la même chose. » (Lorand Gaspar, *Approche de la parole*, Paris, Gallimard, 1978)

EXERCICE, p. 101

On peut relever, dans ce poème, des images qui trahissent l'influence du Surréalisme sur l'écriture de Georges Schéhadé : la métaphore adjectivale *in absentia* (« *dans le bois dételé* ») ; les métaphores construites à partir de la préposition « de » (« *Près d'une cascade de triste folie* » ; « *une étincelle de faim* »). La métaphore qui clôt le poème donne à la comparaison (« *L'étoile comme une étincelle de faim* ») un caractère inattendu en introduisant un écart entre le comparé (« *L'étoile* ») et le comparant attendu (« *l'étincelle* ») sèmes* de la lumière et de l'éloignement.

Les motifs de la première strophe sont cohérents (l'automne jauni, le bois perdant le poids de ses feuilles, la permanence d'une mélancolie diffuse). Cette cohérence est maintenue dans la suite de l'évocation (les « *puits* » et la « *cascade* », le « *nuage de grande transparence* » et « *l'étoile* »). Mais ce qui peut obscurcir le sens, c'est la succession de ces motifs qui semblent (au-delà du thème de la saison) altérer et même briser les repères de la logique discursive. De ces blancs, matérialisés par les espaces entre les strophes, semble naître une signification seconde, une « référence dédoublée » où le principe de gratuité, de discontinuité rappelle la logique de l'inconscient.

Cependant, si l'on peut relever des signes d'une pratique surréaliste de l'image, ceux-ci s'intègrent dans une évocation qui vise à inscrire le surréel dans le réel. Ainsi, la métaphore « *le bois dételé* » est éclairée par la comparaison du vers 3, dont le mystère tient moins à un écart entre comparé et comparant (la mélancolie automnale et les « *chaînes* ») qu'à la relative qui vient « déréaliser » le rôle et le poids de « *ces chaînes qui ne sont ni pour le corps ni pour l'âme* ».

Les métaphores de la seconde strophe (« *les puits n'ont pas encore déserté* », les « *feuilles qui passent* ») mêlent les sèmes animés et inanimés, comme si cette ode adressée à l'automne (« *ô saison* ») s'inscrivait dans le présent de la voix et de l'évocation (présence de déictiques* : « *Ce soir* », « *voici* » ; emploi du présent de l'indicatif et du passé composé à valeur d'accompli dans le présent : « *les puits n'ont pas encore déserté* » ; lieu repéré par rapport à l'énonciateur : « *Près d'une cascade de triste folie* »).

Tout en suggérant un mystère, le poème définit une « poéthique » de l'image (entre cohérence et discontinuité) où le « je » (présent et absent), les mots et les choses tentent d'atteindre à la révélation d'une présence dans les gestes même qui les « absentent » ; « Pour Schehadé, le mode original de l'absence est peut-être ainsi celui du suspens, du suspens volatilisé » (Jean-Pierre Richard, *Onze Études sur la poésie moderne*, Paris, Seuil, 1964, p. 196).

Glossaire

Accent : mise en valeur d'une syllabe en fonction de son intensité, de sa hauteur et de sa durée. L'accent se place en français sur la dernière syllabe non caduque* d'un mot ou d'un groupe de mots. De nature démarcative, il permet de déterminer les coupes* correspondant au rythme linguistique.

Allégorie : figure de pensée constituant une image donnant cohérence à un ensemble de tropes* et de tropes associés comme la comparaison. L'allégorie est une image qui superpose une lecture littérale et une lecture symbolique.

Allitération : répétition d'un même phonème* consonantique visant à produire un effet (insistance sur le sens ou sur le rythme).

Anadiplose : reprise d'un mot situé en fin de phrase au début de la phrase suivante.

Anagramme : figure de diction qui, à partir d'un bouleversement de l'ordre des lettres d'un mot, permet de donner naissance à un autre mot (Marie/aimer).

Anaphore : répétition d'un même mot en début de vers, de proposition ou de phrase.

Apocope : suppression en fin de mot d'un phonème* vocalique non élidable (l'apocope d'un « e » non élidable correspond à la coupe* épique ou à la césure* épique).

Assonance : ce terme désigne deux faits différents : soit la répétition d'un même phonème* vocalique (ce qui correspond à l'allitération pour les phonèmes consonantiques), soit le phénomène métrique* qui fait apparaître en fin de vers le retour d'un même phonème vocalique.

Asyndète/asyndétique : figure de construction reposant sur la suppression des liens de coordination entre les syntagmes, les propositions ou les phrases.

Catachrèse : métaphore figée.

Césure : pour les vers de plus de huit syllabes, frontière entre les deux parties non nécessairement symétriques du vers, appelées hémistiches.

Comparaison : trope* associé mettant en relation un comparé et un comparant soit par l'intermédiaire d'un outil de comparaison à valeur objective (comme, ainsi que), soit par l'intermédiaire d'un modalisateur traduisant un jugement de valeur (paraître, sembler, avoir l'air).

Concordance : rapport entre la structure syntaxique et la structure métrique à partir duquel se déterminent les faits d'enjambement, de rejet ou de contre-rejet internes (par rapport à la césure* interne) ou externes (par rapport à la césure de fin de vers).

Connotation : valeur ajoutée au sens dénoté* d'un terme et trahissant la subjectivité du locuteur.

Coupe : marque du rythme* linguistique (que l'on distingue du rythme métrique*, dont les pauses sont imposées par la nature du vers) correspondant à un accent*. On distingue trois coupes majeures : la coupe enjambante (placée avant une syllabe contenant un « e » non élidable), la coupe lyrique (placée en décalage avec l'accent sur le « e » non élidable d'une syllabe de fin de vers), la coupe épique (portant sur un « e » non élidable et pourtant apocopé* en syllabe finale).

Cratylisme : réflexion philosophique qui prend sa source dans le *Cratyle*, dialogue de Platon, et selon laquelle il existe un rapport de motivation entre les mots et les choses. Dans la poésie contemporaine, le cratylisme est une volonté de remotiver le signe linguistique et plus particulièrement (comme chez Ponge) la relation entre signifiant*, signifié* et référent*.

Déictiques : ensemble de termes appartenant à des catégories grammaticales différentes (adverbes de lieu ou de temps, déterminants et pronoms démonstratifs, pronoms personnels nominaux…) qui ne prennent sens (comme les pronoms « je » et « tu ») que dans le cadre de la situation d'énonciation.

Dénotation : ensemble des sèmes constituant la définition stable d'un mot.

Encomiastique : en rhétorique, se dit d'un type de discours consacré à la louange d'un individu.

Énonciation/énoncé : on appelle « énonciation » tout acte susceptible de produire un « énoncé ».

Ethos/éthopée : en rhétorique, construction par le texte d'un personnage ou d'une figure du sujet.

Graphème : unité minimale graphique composant le signifiant.

Haïku : bref poème japonais composé de dix-sept syllabes disposées sur trois vers :

Lune d'équinoxe –
tournant autour de l'étang
la nuit entière.

(Bashô)

Hypotypose : organisation de l'énoncé qui repose sur un ensemble de procédés permettant de représenter une scène, d'évoquer une situation comme si elle apparaissait sous les yeux du lecteur.

Ikon : accumulation de métaphores reposant sur l'antéposition du comparant. Cette structure permet l'effacement du comparé et la figuration d'un réel qu'il s'agit de déchiffrer.

Isotopie : ensemble de termes regroupés autour d'un même sème*. Les champs lexicaux constituent des réseaux sémantiques qui structurent en profondeur l'énoncé.

Léonin : vers dans lequel les deux hémistiches riment ensemble.

Métaphore : trope* reposant sur un transfert de sens par analogie entre un comparé et un comparant. On distingue la métaphore *in praesentia* (lorsque sont exprimés comparé et comparant) la métaphore *in absentia* (lorsque l'un des deux éléments – comparé ou comparant – est effacé).

Métonymie : trope reposant sur un glissement de sens substituant un terme à un autre en vertu d'une relation de contiguïté.

Mètre/métrique : mesure définissant le vers comme partie d'une poésie régulière. Le mètre désigne aussi l'organisation interne du vers telle qu'elle s'est imposée dans l'histoire du vers français. On parle de système métrique pour définir les mesures qui dépassent le vers (notamment la strophe et les formes fixes) et qui invitent le lecteur à percevoir des régularités.

Mimésis/Poiésis : termes empruntés à la *Poétique* d'Aristote, aux contenus sémantiques très étendus. La « mimésis » désigne la représentation ou la figuration du réel. La « poiésis » est comprise dans la poésie contemporaine, par opposition à la « mimésis », comme la production d'un sens dans et par le langage.

Modalisateur : moyen par lequel le locuteur signale son degré d'adhésion au contenu d'un énoncé.

Modalité : manière pour le locuteur de marquer son attitude énonciative par rapport à son allocutaire. On distingue la modalité assertive, la modalité interrogative, la modalité injonctive et la modalité exclamative.

Motif : ensemble des éléments communs au comparé et au comparant.

Paradigmatique/syntagmatique : dans l'analyse du langage poétique, on oppose l'axe paradigmatique (ensemble des unités virtuellement substituables) et l'axe syntagmatique (ensemble des unités considérées dans leur succession).

Paronomase : rapprochement de termes de sens différents, mais voisins par leurs sonorités.

Phonème : unité sonore minimale du signifiant* d'un terme.

Période : phrase considérée non seulement comme unité sémantique et syntaxique, mais aussi comme unité rythmique. On distingue alors la protase (partie ascendante du point de vue de l'intonation), l'acmé (sommet de la courbe mélodique) et l'apodose (partie descendante).

Polysémie : ensemble de significations possibles suggérées par un mot.

Prosodie : ensemble des phénomènes concernant la succession des phonèmes dans la mise en œuvre du langage : intonation, rythme, accentuation, intonation…

Référence/référent : le référent est, avec le signifiant et le signifié, le troisième terme de la relation triangulaire qui fonde le signe linguistique. Il désigne ce à quoi le mot réfère, dans le réel aussi bien que dans l'imaginaire.

Sème : unité minimale de signification inscrite dans un terme.

Signifiant/signifié : le signifiant (composé de phonèmes* et de graphèmes*) est le support matériel du signe. Le signifié (composé de sèmes*) correspond au sens du signe linguistique.

Synérèse : prononciation en une syllabe de deux phonèmes vocaliques distincts (par opposition à la « diérèse », prononciation en deux syllabes d'un phonème unique).

Trope : figure de sens reposant sur le détournement du sens premier d'un mot.

Verset : ensemble cohérent dépassant la mesure ordinaire du vers. On distingue le verset métrique, le verset cadencé et le verset amorphe.

Zeugme : juxtaposition ou coordination d'éléments incompatibles sur le plan sémantique ou sur le plan syntaxique.

Bibliographie

I. Ouvrages généraux

BERCOFF Brigitte, *La Poésie,* Paris, Hachette Supérieur, coll. « Contours littéraires », 1999.

BRIOLET Daniel, *Lire la poésie française du XXe siècle,* Paris, Dunod, 1995.

COLLOT Michel, *La Poésie moderne et la structure d'horizon,* Paris, PUF, 1989.

COLLOT Michel, *La Matière-émotion,* Paris, PUF, 1997.

COMBE Dominique, *Poésie et récit. Une rhétorique des genres,* Paris, Corti, 1989.

COMBE Dominique, *Les Genres littéraires,* Paris, Hachette Supérieur, coll. « Contours littéraires », 1992.

DELAVEAU Philippe, *La Poésie française au tournant des années 1980,* Paris, Corti, 1988.

DESSONS Gérard, *Introduction à l'analyse du poème,* Paris, Bordas, 1991.

GLEIZE Jean-Marie, *Poésie et figuration,* Paris, Seuil, 1983.

GLEIZE Jean-Marie, *La Poésie, textes critiques, XVIe-XXe siècles,* Paris, Larousse, 1995.

JARRETY Michel (sous la direction de), *La Poésie française du Moyen Âge jusqu'à nos jours,* Paris, PUF, coll. « Premier Cycle », 1997.

JARRETY Michel (sous la direction de), *Dictionnaire de poésie de Baudelaire à nos jours,* Paris, PUF, 2001.

JENNY Laurent, *La Parole singulière,* Paris, Belin, 1990.

MAULPOIX Jean-Michel, *La Voix d'Orphée. Essai sur le lyrisme,* Paris, Corti, 1989.

MAULPOIX Jean-Michel, *La Poésie malgré tout,* Paris, Mercure de France, 1996.

MAULPOIX Jean-Michel, *La Poésie comme l'amour,* Paris, Mercure de France, 1998.

PINSON Jean-Claude, *Habiter en poète. Essai sur la poésie contemporaine*, Seyssel, Champ Vallon, 1995.

RABATÉ Dominique, de SERMET Joëlle et VADÉ Yves, (sous la direction de), *Le Sujet lyrique en question*, « Modernités 8 », Bordeaux, Presses Universitaires de Bordeaux, 1996.

RABATÉ Dominique (sous la direction de), *Figures du sujet lyrique*, (articles de Dominique RABATÉ, Yves VADÉ, Dominique COMBE, Joëlle de SERMET, Laurent JENNY, Michel COLLOT, Michel JARRETY, Jean-Michel MAULPOIX), Paris, PUF, 1996.

RICHARD Jean-Pierre, *Poésie et profondeur*, Paris, Seuil, 1955.

RICHARD Jean-Pierre, *Onze études sur la poésie moderne*, Paris, Seuil, 1964.

THÉLOT Jérôme, *La Poésie précaire*, Paris, PUF, 1997.

II. Métrique et poétique

AQUIEN Michèle et MOLINIÉ Georges, *Dictionnaire de poétique et de rhétorique*, Paris, Librairie Générale Française, « Le Livre de poche », 1996.

CORNULIER Benoît de, *Théorie du vers*, Paris, Seuil, 1982.

DESSONS Gérard et MESCHONNIC Henri, *Traité du rythme. Des vers et des proses*, Paris, Dunod, 1998.

MAZALEYRAT Jean, *Éléments de métrique française*, Paris, Colin, 1974.

MESCHONNIC Henri, *Pour la poétique I*, Paris, Gallimard, 1970.

MESCHONNIC Henri, *Critique du rythme*, Paris, Verdier, 1982.

MESCHONNIC Henri, *La Rime et la vie*, Paris, Verdier, 1989.

III. Stylistique et poétique des genres

BERNARD Suzanne, *Le Poème en prose de Baudelaire à nos jours*, Paris, Nizet, 1959.

DE BOISSIEU Jean-Louis et GARAGNON Anne-Marie, *Commentaires stylistiques*, Paris, Sedes, 1987.

FROMILHAGUE Catherine, *Les Figures de style*, Paris, Nathan, 1995.

FROMILHAGUE Catherine et SANCIER Anne, *Introduction à l'analyse stylistique*, Paris, Bordas, 1991.

FROMILHAGUE Catherine et SANCIER Anne, *Analyses stylistiques. Formes et genres,* Paris, Dunod, 1999.

GARDES-TAMINE Joëlle et MOLINO Jean, *Introduction à l'analyse de la poésie,* Paris, PUF, 1982.

HAMBURGER Kate, *Logique des genres littéraires,* Paris, Seuil, 1986.

HAMON Philippe, *Introduction à l'analyse du descriptif,* Paris, Hachette, 1981.

HAMON Philippe, *L'Ironie littéraire. Essai sur les formes de l'écriture oblique,* Paris, Hachette, 1996.

KIBÉDI-VARGA Aron, *Les Constantes du poème,* Paris, Picard, 1977.

MAZALEYRAT Jean et MOLINIÉ Georges, *Vocabulaire de la stylistique,* Paris, Librairie générale de France, « Le Livre de poche », 1992.

RICŒUR Paul, *La Métaphore vive,* Paris, Seuil, 1975.

SANDRAS Michel, *Lire le poème en prose,* Paris, Dunod, 1995.

VADÉ Yves, *Le Poème en prose,* Paris, Belin, coll. « Sujets », 1996.

Achevé d'imprimer par Hérissey - N° d'impression : 90306
Dépôt légal : 13023/08/2001 - Collection n° 29 - Édition n° 01
14/5444/6